LIVRE
DE CHRONIQUES III

du même auteur
chez le même éditeur

CONNAISSANCE DE L'ENFER
EXHORTATION AUX CROCODILES
EXPLICATION DES OISEAUX
LA FARCE DES DAMNÉS
LIVRE DE CHRONIQUES I ET II
LE MANUEL DES INQUISITEURS
MÉMOIRE D'ÉLÉPHANT
LA MORT DE CARLOS GARDEL
N'ENTRE PAS SI VITE DANS CETTE NUIT NOIRE
L'ORDRE NATUREL DES CHOSES
QUE FERAI-JE QUAND TOUT BRÛLE ?
LE RETOUR DES CARAVELLES
LA SPLENDEUR DU PORTUGAL
TRAITÉ DES PASSIONS DE L'ÂME

chez d'autres éditeurs

LE CUL DE JUDAS
(Anne-Marie Métailié)
FADO ALEXANDRINO
(Albin Michel)

sur António Lobo Antunes
chez le même éditeur

CONVERSATIONS AVEC ANTÓNIO LOBO ANTUNES,
par María Luisa BLANCO

ANTÓNIO LOBO ANTUNES

LIVRE DE CHRONIQUES III

Traduit du portugais
par Carlos BATISTA

CHRISTIAN BOURGOIS ÉDITEUR

Titre original :
Segundo Livro de Crónicas

Le traducteur remercie le C.N.L.

ISBN 2-267-01713-X

Pour Margarida da Beira Cardoso
de Melo Machado de Almeida Lima,
ma grand-mère chérie

Ça s'est sans doute passé autrement, mais faisons comme si

Ce qui me fascinait le plus quand nous arrivions dans la Beira Alta, c'était la surdité de mon grand-père. Il portait une sorte d'écouteurs d'où partait un fil tire-bouchonné qui rejoignait une pile énorme dans la poche de sa veste, j'avais l'impression, en voyant son air attentif, qu'il était en perpétuelle communication avec les anges ou avec ces voix sans corps que je croyais percevoir dans les pins, alors que lui les entendait vraiment. Quant à nous autres, terriens, il ne nous entendait tout simplement pas : ma grand-mère lui hurlait par des gestes que nous étions arrivés, mon grand-père baissait les yeux, souriait, ébauchait un mouvement vers nous mais l'oubliait aussitôt pour répondre à l'appel des pins ou à quelque urgence céleste. Il n'avait plus rien d'un être humain : je ne me souviens pas de l'avoir entendu rire, ni même de l'avoir vu manger ; il restait muet au balcon donnant sur une montagne, ou bien il lisait le journal qui arrivait par le train de midi et qu'il fallait aller chercher à la gare. Dans sa veste en lin blanc, adossé à un pilier, il tournait les pages dans un froissement d'ailes de pigeon sans que jamais ne bouge le moindre trait de son visage. Sans doute ne lisait-il pas : il parcourait les titres le temps de nous faire croire qu'il lisait, puis abandonnait ses feuilles sur le siège en toile et descendait vers la vigne sans toucher le sol de ses talons, avec la lenteur rêveuse d'un séraphin. Sa présence, une silencieuse absence qui embaumait la brillantine : le soir, après le bain

(on pompait l'eau du puits et un seau percé de trous servait de douche)

j'avais le droit de m'appliquer une noix de ce gel blanc qui durcissait mes cheveux et m'enveloppait dans un doux parfum de paradis. Mais contrairement à ce que j'avais imaginé la brillantine n'agissait pas, j'entendais toujours les bruits de la maison

(les châtaigniers continuaient à crépiter contre les fenêtres)

et les anges s'obstinaient à m'ignorer. Je dînais en pyjama, fâché contre le ciel.

Je garde de mon grand-père le souvenir d'un homme qui ne faisait rien d'autre que léviter. Parfois il glissait une cigarette dans un fume-cigarette et fabriquait avec sa bouche de gros nuages. La construction de ces nuages était sans doute son vrai travail : les servantes l'appelaient monsieur l'ingénieur. Pour moi, les ingénieurs étaient des gens qui érigeaient des ponts et des immeubles. Mais mon grand-père, attiré par les matières impondérables, préférait les architectures gazeuses qui épousent les caprices du vent. Ses caravelles de fumée, parfaites, rigoureuses, naviguaient vers l'ouest durant tout le mois de septembre, emportant avec elles l'été et les canards sauvages. Fatigué de façonner l'automne,

1 Rascheln / Zerknittern
2 mit Wohlgeruch erfüllen
3 Pomade

mon grand-père s'endormait dans le fauteuil du salon.

Tout comme je ne l'ai jamais vu faire quoi que ce soit, je ne l'ai jamais vu saluer personne. Les visiteurs allaient et venaient, nous allions et venions, les journaux qui s'amoncelaient dans la poubelle annonçaient le jour suivant

(le départ des journaux à la poubelle annonçait les lendemains)

mon grand-père restait là, silencieux et absent, à dormir dans son fauteuil ou à bâtir des nuages sur le balcon, le seul être immuable dans un monde où même les arbres mouraient. La même veste en lin blanc, le même gel blanc, les mêmes cheveux blancs, le même sourire blanc, distrait et un peu triste, me semble-t-il après tant d'années, ce qui peut se comprendre car les joies du ciel sont caverneuses et lugubres, et le latin

(langue officielle des sacristies)

est un espéranto difficile. Passer tout son temps sous des écouteurs à recevoir des déclinaisons, ça doit être lassant. Quand j'ai eu douze ans, mon grand-père est mort et c'en fut fini de Beira Alta. J'ignore ce que sont devenus sa veste et son fume-cigarette pour les nuages, mais beaucoup plus tard j'ai retrouvé son appareil auditif, dans l'une de ces armoires pleines de rebut où le passé s'entasse : albums, lettres, carreaux de faïence, clefs dépareillées, timbres exotiques, Vierges phosphorescentes ayant perdu leur auréole, toutes choses qui permettront aux futurs archéologues de reconstituer notre présent à partir d'un amas de débris, qu'ils croiront antérieur à l'époque des galères. Seul peut-être

l'appareil auditif les intriguera tout comme il m'intrigue. Ils mettront les écouteurs sur leurs oreilles
(de même que je les mets)
ils glisseront l'énorme pile dans la poche de leur veste
(de même que je la glisse)
ils relieront les deux par le fil tire-bouchonné
(tout comme je les relie)
et entendront, stupéfaits
(j'entends, stupéfait),
un très lointain murmure de pins mêlé aux confidences des séraphins. Et en bruits de fond, l'écho de la pompe à eau grâce à laquelle je prenais ma douche, peut-être la prière d'un enfant aux cheveux englués de brillantine qui négocie avec sa mère la soupe du dîner, avalée en échange d'une double ration de pudding. Et peut-être aussi un monsieur sourd qui fabrique des nuages sur un balcon donnant sur la montagne et qui s'en va avec eux et les canards sauvages vers l'automne. Aujourd'hui, le sourd c'est moi. Et le petit haricot que la médecine moderne a placé dans mon oreille ne m'apporte que les bruits amplifiés d'un sous-sol pendant mes nuits d'insomnie et les cris distordus de l'univers. Je dois retourner au plus vite dans la Beira Alta pour retrouver les anges. Avec une veste en lin blanc et un fume-cigarette, on me prendra pour mon grand-père et on me demandera, en latin, si je vais bien. Je ne saurai que répondre
— Ça peut aller
je remplacerai les mots par un haussement d'épaules, le doigt pointé sur ma capricieuse vésicule. Puis je me mettrai à lire le journal, j'allumerai une

cigarette et j'esquisserai quelques nuages chenus : à cinquante-sept ans le temps est venu de partir également, de prendre le chemin de l'automne, en abandonnant dans l'armoire aux vieilleries une douzaine de livres, qui sont les seules clefs dépareillées dont je dispose. Elles n'ouvrent rien sinon des portes qui n'existent plus.

António 56 ½

Ce qu'on appelle communément les circonstances et qui ne sont que ces influences que la vie et les autres exercent sur chacun l'ont obligé à réfléchir davantage sur lui-même. À vingt ans, il croyait que le temps résoudrait les problèmes : à cinquante, il se rendit compte que le problème était le temps. Il avait tout misé sur l'acte d'écrire, se servant de chaque roman pour corriger le précédent, en quête du livre qu'il ne corrigerait plus, si intensément qu'il ne pouvait plus se souvenir des événements qui avaient eu lieu pendant qu'il les écrivait. L'intensité de ce travail lui faisait rejeter toute influence et tout modèle extérieur, le condamnant à la solitude d'une veste oubliée dans une chambre d'hôtel, tandis que le vent et la désillusion faisaient chaque nuit claquer la persienne. Peu enclin à la tristesse, il ne connaissait que les affres du désespoir : le matin avant de raser son propre visage dans le miroir, ou plutôt pas un visage, mais des éclats de visage sur une surface inquiète, incapables de reconstruire le présent, ne lui renvoyant que les fragments disjoints d'un passé révolu

(des après-midi dans le jardin, des tétines, des tricycles)

qui lui procuraient moins un souvenir ému qu'un sentiment d'étrangeté, lequel l'incitait à faire rêver ceux qui n'avaient plus le courage de le faire par eux-mêmes. L'éthique de consommation des autres contrebalançait son éthique de production, non par l'effet de quelque vertu

(il en était dépourvu)

mais par son inaptitude au bonheur et à la vie pratique. Son mépris de l'argent résultait d'une malformation sans lien avec une quelconque prédilection pour la pauvreté. Il considérait son compte bancaire comme des livres sans intérêt entassés dans un coin de la maison : un de ces jours, dans un élan d'hygiène, il vendrait ses billets au poids.

L'ardeur des jeunes écrivains ou aspirants écrivains qui lui envoyaient manuscrits et lettres le confondait : comment admettre qu'il pût exister des êtres disposés à vivre, quotidiennement, dans l'affliction et l'angoisse ? Lui n'avait jamais décidé d'écrire des livres : quelque chose ou quelqu'un le poussait à les écrire et il bénissait le ciel de voir que ses proches étaient des êtres libres qui le considéraient avec l'indulgence qu'inspirent ceux qui ont perdu un bras ou une jambe au service d'une cause insensée. Ses amis avaient coutume de le conduire d'une main bienveillante comme on guide un aveugle, en lui signalant les obstacles sur le chemin, persuadés qu'une innocence désemparée le laissait sans défense, à la merci de presque tout et principalement de lui-même. S'ils avaient pu, ils lui auraient pris ses lacets et sa ceinture comme à un prisonnier, pour l'empêcher de se tuer par inadvertance ou de s'enfuir Dieu sait où, vu qu'il ne distinguait pas plus le sucre du sable que les diamants du verre, occupé qu'il était à graver des mots si profondément qu'on aurait pu les lire, comme du braille, sans l'aide des yeux. En parcourant les lignes, le doigt du lecteur devait sentir le feu et le sang. Mais pour cela, il était nécessaire que lui-même brûle et saigne. Les aspirants écrivains connaissaient-ils le prix à payer pour une seule page ? La différence entre le pur et l'impur ? Le moment où l'on doit travailler et celui où il faut s'arrêter ? Savaient-ils que le succès n'apporte rien, d'abord parce qu'on est déjà passé à autre chose, et ensuite parce que les qualités sont, presque toujours, des défauts masqués, et qu'il est déshonnête de se repaître d'éloges concernant des défauts habilement camouflés ? Les aspirants écrivains savaient-ils que ne pas atteindre le but visé est, dans le meilleur des cas, le plus amer des triomphes ? Que le roman achevé nous laisse trop exsangue pour nous procurer de la joie et qu'aussitôt après l'angoisse de ne pas réussir le prochain commence à nous ronger ?

Des après-midi dans le jardin, des tétines, des tricycles. Maintenant que le temps a résolu ces problèmes en devenant,

lui, le temps,

le problème, il réalise que ses filles se sont métamorphosées en femmes et que la nuit tombe irrémédiablement. Toutefois, avec un peu de chance, peut-être laissera-t-il derrière lui non pas une trace, ni une ombre, ni des souvenirs, mais ce qu'il cachait au plus profond de lui : ce qu'il avait de plus que les autres. Alors, quand viendra l'heure, il pourra s'allonger en paix, fermer les yeux et dormir : il sera finalement devenu comme tout le monde.

Tous deux là écoutant la pluie tomber

Novembre est un mois difficile : c'est le mois où ta mère et ton chien sont morts. Ta mère, on s'y attendait plus ou moins, vu son grand âge et son diabète. Le médecin lui avait conseillé

— Faites attention à ne pas prendre froid

nous avons donc rajouté des couvertures sur son lit, déniché un châle épais, acheté un radiateur à pétrole que nous avons placé près de son fauteuil

— Comme ça tu n'auras plus froid

nous l'avons régalée de soupe, mais quatre-vingt-trois ans ce n'est pas rien, et ta mère presque aveugle a buté sur le radiateur, s'est cassé une jambe, et aux urgences on nous a aussitôt prévenus

— Cette fracture va sûrement entraîner des complications

nous l'avons tout de même ramenée à la maison, des couvertures, des châles, et il nous reste la consolation de savoir qu'elle est morte bien au chaud. C'est étrange, mais sans elle le salon s'est agrandi.

La semaine suivante, le chien. Il n'était ni vieux ni diabétique. Je le sortais les lundis, mercredis et vendredis, toi tu te chargeais de soulager la vessie de cette pauvre bête les mardis, jeudis et samedis, les dimanches nous le sortions ensemble, bras dessus bras dessous, jetions un coup d'œil aux vitrines du quartier, toi avec la laisse, moi en le sifflant

— Benfica

nous nous amusions devant la boutique de luminaires à déchiffrer le prix d'un lustre

— Pas celui de droite, celui de gauche Henrique

sur une étiquette qui pendait au milieu des pendeloques, durant un instant nous avons oublié Benfica qui reniflait les pneus d'une voiture stationnée

il adorait renifler les pneus

mais sa passion pour les pneus lui fut fatale : malgré nos conseils

— Sois prudent Benfica

il a tout de même voulu renifler les roues d'une voiture qui malheureusement était en mouvement, nous avons entendu un choc mou et c'était fini. Ta mère et le chien, morts, avaient un air de famille, j'ai attiré ton attention lorsque nous nous sommes penchés sur la bête au milieu de la rue

— Tu ne trouves pas qu'il ressemble à ta mère, Irène ?

tu as trouvé que oui tout en te mouchant, l'automobiliste s'est approché de nous

— Ce n'est pas de ma faute, ce n'est pas de ma faute

tu lui as désigné le chien

— Il ressemble à ma mère, vous savez ?

l'automobiliste est resté bouche bée, et une heure plus tard le camion des poubelles a emporté la dépouille de l'animal. Le salon s'est encore agrandi, et comme nous n'avons plus personne à promener dans le quartier nous ne léchons plus les vitrines.

Nous voici donc seuls. Il y a la photo de ta mère sur la commode et la laisse du chien dans le tiroir, de temps à autre nous regardons la photo ou nous ouvrons le tiroir pour toucher la laisse, mais cela ne change rien à notre solitude. Toujours assis à nos places habituelles, toi dans le fauteuil à bascule avec ton crochet, moi sur le canapé, faisant semblant de lire le journal, un lourd silence plane entre nous, tandis que dehors la pluie tombe. Dès que tu entends la pluie, tu lèves les yeux de ton crochet

— Tu entends la pluie, Henrique ?

je lève les yeux de mon journal pour acquiescer, et nous restons là à contempler la fenêtre où courent les gouttelettes, éclairées de biais par les réverbères. Au moins, ça nous fait un sujet de conversation. Au moins, tu as dit

— Tu entends la pluie, Henrique ?

au moins, j'ai acquiescé derrière mon journal, au moins, l'espace d'un instant, nous avons rompu notre solitude. Nous sommes des gens discrets, fuyant tout excès, tout bavardage, tout émoi inutile. Je pense que c'est ce qui nous a réunis, cette timidité et cette absence de larmes. Encore heureux. Encore heureux pour nous. Mariés depuis trente-sept ans, nous ne nous sommes jamais disputés. À quoi bon ? Et puis nous partageons ces moments-là, après le dîner, où il se met à pleuvoir et nous croupissons ici, en paix, presque heureux. Et j'écris presque heureux car pour écrire heureux il faudrait que la pluie soit si violente qu'elle arrache l'immeuble pour l'emporter vers le Tage, ce qui, évidemment, n'arrivera jamais. Peut-être est-ce mieux ainsi : l'été, grâce à Dieu, passe en un clin d'œil, et bientôt novembre sera de retour. Nous perdrons de nouveau ta mère, de nouveau le chien. Ça n'a pas d'importance. Comme tu me l'as expliqué, tout deuil à ses bons côtés et pour nous consoler nous avons la pluie. Tu me demanderas

— Tu entends la pluie, Henrique ?

j'acquiescerai, et durant un instant nous serons ensemble, et durant un instant, je t'assure, je pourrai écrire au nom de tous deux, en supprimant le presque, que nous sommes heureux.

Qui donc m'a assassiné pour que je sois si doux ?

Le doigt impérieux et stupide de mon professeur de primaire qui me cherchait parmi les pupitres pour m'interroger sur les affluents de la rive gauche du Tage ; la patience de ma tante qui tâchait d'apprendre à jouer du piano

Schmoll

à mes mains maladroites ; le jardinier qui tuait des moineaux en les étranglant derrière son dos tout en me souriant ; la fillette dont je suis tombé amoureux à dix ans et qui rêvait d'être dentiste mais qui est morte avant, sous les draps en tôle d'une voiture atrocement froissée parmi un matelas de ressorts, de roues, de châssis : laquelle de ces choses m'a assassiné en premier ? La souffrance est-elle destructrice ou bien n'est-elle qu'une banalité désagréable comme la vieillesse ou la maladie ? On a retiré la fillette, alors âgée de vingt ans, de son matelas encastré dans un platane et j'ai cru que sa bouche allait me dire

— António

mais non, juste cette indifférence qu'affichent les cadavres, ce sourire figé qui n'en est pas un, cet éloignement vitreux, cette quiétude irritante. Je ne souhaite que l'impossible : un enfant me faisant un signe de la main, un bateau qui accoste, taper sur un tambour, savoir danser le tango, t'apercevoir au loin, à l'aéroport, en train de m'attendre. Ma tante m'apprenait le solfège, réglait le métronome dont le doigt, impérieux et stupide également, oscillait de droite à gauche avec une obstination cardiaque. Au restaurant, les amis habituels parlaient, parlaient. De quoi ? J'ai cessé de les entendre lorsqu'un couple de retraités est entré : ils ont mis une éternité à s'asseoir, leurs genoux tels des ressorts de canif dont les maigres lames ont tout de même fini par se plier. Quand l'un d'eux se mettait à parler en criant, l'autre plaçait sa main en cornet sur l'oreille. La femme a demandé qu'on lui mette les restes du dîner dans un sac en plastique, pour son petit chien qui était resté à la maison à gratter la porte, désespéré, en semant des gouttelettes alarmées sur le tapis. J'imagine leur appartement encombré de vieilleries, d'ombres, de magazines empilés. Peut-être ne peuvent-ils se passer de leurs mains en cornet que pour écouter le métronome. Comment repasser des draps en tôle froissée ? De vieux magazines feuilletés au cours de dimanches pluvieux : *A Ilustração Portugueza*, *Très Sport*, et dans ce *Très Sport* le champion du monde Georges Carpentier en posture d'attaque, une raie au milieu des cheveux et un short flottant. Son adversaire affublé d'une moustache aux pointes recourbées, comme ces lieutenants du début du siècle qui faisaient la cour à des dames sur des balcons ornés de couvre-lits les après-midi de procession. Les vieux magazines sentaient le kiosque et les médicaments, l'oiseau empaillé du pharmacien républicain qui servait les clients en pestant contre Dieu. Ma grand-mère m'a révélé à voix basse que le pharmacien, dans sa jeunesse

(mais moi j'affirme que ce pharmacien n'a jamais été jeune, tu m'as menti mémé)

était loin d'être un as au lit, et d'après les détails qu'elle m'a fournis, sa prouesse tenait davantage d'un ballet où il ne cessait de se cogner. Si le pharmacien avait pu attraper Dieu par le collet, il lui aurait flanqué une sacrée raclée. Le jour de Noël il entrait à l'église ses mains sur la ceinture et le chapeau sur la tête, pour jeter un défi au Créateur :

— Viens te battre si tu es un homme.

Dieu, infiniment patient, l'a supporté quelques années, silencieux, jusqu'à ce qu'il se décide

(Dieu est toujours lent à se décider)

à le faire tomber dans les escaliers. Selon moi, ce fut une mort par trahison. Le jour de l'enterrement ma tante au métronome : j'aurais dû flirter avec le pharmacien dans sa jeunesse. D'ailleurs lorsqu'elle lui achetait un sirop sa bouche tremblait, et les bras du pharmacien gesticulaient nerveusement. Il lui donnait du

— Chère madame

et jusqu'à notre départ laissait Dieu en paix. Un jour où ma tante avait oublié son parapluie je suis retourné le chercher et j'ai découvert le pharmacien qui se mouchait. Il a enfilé son bras dans le bocal des bonbons pectoraux et, tout en gardant son mouchoir sur le nez, il m'a tendu une poignée de petits cubes qui sentaient le sucre et l'eucalyptus, avec un monsieur barbu

le professeur Malinovski

dessiné sur l'emballage, dans un médaillon tressé

de clochettes fleuries. Ma tante a rougi quand je lui ai remis les bonbons qu'elle a rangés avec des précautions d'orfèvre dans un coffret à bijoux, qui ne renfermait qu'un camaïeu desserti et les alliances de ses parents. Puis elle m'a demandé

— Que faisait-il ?

J'ai répondu

— Il se mouchait.

Et elle est restée une éternité dans le salon à regarder le piano. J'ai lu il y a très longtemps dans un livre que la patrie d'une femme est la terre de ses amours. Ce soir-là, au cours du dîner, j'ai noté que ma tante s'était parfumée. Et la glycine frappait aux carreaux pour nous dire au revoir. J'ai cru l'entendre murmurer en gestes incohérents, j'ai cru entendre une grappe

— Chère madame

j'ai cru que ma tante l'écoutait mais j'ai dû me tromper. Je me suis certainement trompé : depuis quand les glycines se mouchent-elles ?

Chronique devant être lue au rythme du kissanje

La plus belle chose que j'aie vue jusqu'à ce jour n'est pas un tableau, ni un monument, ni une ville, ni une femme, ni la petite bergère en céramique de ma grand-mère Eva, ni la mer, ni la troisième minute de l'aurore chantée par les poètes : la plus belle chose que j'aie vue jusqu'à ce jour ce sont vingt mille hectares de tournesols à Baixa do Cassanje, en Angola. On sortait avant l'aube et là, quand pointait la lumière, les tournesols dressaient tous leur œil vers le jour naissant, la terre entière se couvrait de grandes paupières jaunes de chaque côté de la piste où un jour j'ai vu

je me souviens

une troupe de mandrills sur un talus, immobiles, qui nous observaient. Puis, las de nous regarder, ils ont disparu dans l'ombre des tiges. La plus belle chose que j'aie vue jusqu'à ce jour c'est l'Angola, et malgré la misère et l'horreur de la guerre je continue à l'aimer d'un amour indélébile. J'aime son odeur et ses habitants. Peut-être que les instants où je me suis trouvé le plus près de ce qu'on appelle le bonheur, je les ai connus lors d'accouchements je m'occupais des problèmes que les femmes et mon collègue sorcier

euá kimbanda

ne pouvaient résoudre, quand je sortais enfin de la cahute servant d'infirmerie, je sentais encore palpiter dans mes mains une vie nouvelle et j'étais heureux. Au-dessus de ma tête bruissaient les manguiers gigantesques, et monsieur António épiait depuis la cantine. C'est curieux : dans les moments difficiles le souvenir de Baixa do Cassanje me soutient. Je revois le chef Macau

euá Muata

je me dis à moi-même

— Tumama tchituamo

et je me sens mieux. Si je m'approchais de la fenêtre je suis sûr que, même en étant à Lisbonne, vingt mille hectares de tournesols s'étendraient à perte de vue, leurs paupières dorées, les mandrills. L'incroyable beauté des femmes, leur peau si douce, tante Teresa, obèse, énorme, qui supervisait une cahute de négresses à Marimba, et qui en savait beaucoup plus sur la condition humaine que quiconque.

— Euá tante Teresa

euá les fêtards du soir dans les huttes de Dala, enfumées de chanvre

euá chanvre.

Je bavardais avec tante Teresa en fin d'après-midi quand je me sentais déprimé. Parfois elle voulait me fourguer une de ses négresses : je n'ai jamais accepté. Elle faisait apporter une bassine d'eau, du savon, une serviette et nous lavions, solennellement, nos visages. Un jour elle m'a donné une boîte de talc pour me protéger du mauvais œil. Peut-être que ça m'a protégé. Et avec nos mains poudrées, nous mangions ensemble du moamba. Elle, le kimbanda Kindele et moi, le médecin blanc. Moi qui si souvent, en Afrique, ai eu honte de l'être. Mon corps si gauche. Contrairement à tante Teresa, j'avais beau coller mon oreille à un arbre, je ne devinais pas le sexe de l'enfant à naître. Mais le chef Kaputo m'a tout de même choisi pour être le parrain de son fils, la plus haute distinction qu'on m'ait décernée jusqu'à présent : par courtoisie, personne ne s'est moqué de mes déhanchements lors de la cérémonie. Une vieille femme la cigarette à l'envers dans sa bouche a serré mes doigts

euá vieille femme

elle les serre de nouveau : écrire ceci me procure la plus grande joie, la même que j'éprouvais les dimanches où je fumais du mutopa

dans une pipe en calebasse

avec les hommes, je les écoutais parler, je me joignais à eux pour jouer à une sorte de trictrac avec des cailloux tout en regardant le bac traverser le fleuve Cambo, sous le volettement des chauves-souris au crépuscule, avec les lumières de Chiquita au loin. Les tournesols abaissaient leur œil pour dormir, les chouettes rasaient les phares de la jeep sur le chemin. La plantation de tabac de monsieur Gaspar, avec ses crânes d'hippopotame. Monsieur Gaspar souriait derrière ses moustaches

euá monsieur Gaspar

nous nous installions sur la terrasse

— Tumama tchituamo

et son singe, glapissant, tirait sur sa chaîne : il avait peur du noir. On apportait la bassine, le savon, la serviette. Au milieu de la misère et de l'horreur, je connaissais des moments de grande plénitude. Un sentiment de paix infinie que je n'ai jamais retrouvé. Ce que j'aimerais le plus au monde, c'est revoir les tournesols de Baixa do Cassanje et marcher

voler

parmi eux.

— Euá vieille femme

serre mes doigts encore une fois.

Bonsoir à tous

Lorsque le train partira, surtout ne dis pas adieu parce que tu es resté sur le quai. Ce n'est que ton passé qui s'en va, dans une troisième ou quatrième voiture de seconde classe, celle-là même qui vient de disparaître dans le tunnel. Ce n'est que ton passé qui part : ton présent demeure. Ton présent, c'est de te rendre au bar de la gare, sans avoir sorti ton mouchoir de la poche, sans regret, ni remords, ni tristesse, et de regarder par la vitre le quai désert, où l'horloge indique une heure qui n'est plus la tienne. Ne pense plus à cette valise que personne ne viendra chercher dans la gare d'une ville où tu n'iras jamais : ce que tu y as mis ne t'appartient plus. Seul t'appartient cet après-midi à Lisbonne, peut-être quelques pigeons, une statue ou le fleuve. Plonge ta main dans la poche et jette les clefs de ton appartement, ta carte d'identité, ton agenda, la photo de tes enfants, le rappel de la facture d'électricité que tu n'as toujours pas réglée : ton passé est parti, ta femme est partie, ton emploi aussi, tu as cessé d'exister hier, inutile de penser à demain. Depuis ce bar de la gare, tu vois le prochain train, son départ est à neuf heures. Est-ce qu'on t'attend pour dîner ? Ton assiette, ton verre, tes couverts sont-ils sur la table ? Ton médicament pour les yeux, ces gouttes qui piquent ? Ne te tracasse plus pour le dîner ni pour ton médicament : ce n'est pas toi qu'on attend. Tu n'as plus de nom, tu es parti, les mouettes et les passants ne te remarquent plus, aucun mendiant ne t'aborde, pas un chien ne te renifle. Si on te salue ne réponds pas, si on te demande quoi que ce soit dis

— Je ne sais pas

ou bien invente une langue pour dire

— Je ne sais pas

par exemple

— Vlkab

ou

— Tjmp

et pointe ton doigt vers le fleuve. Puis dirige-toi vers lui, où déjà tu n'entends plus les trains, ni les voitures, ni les gens à présent trop loin derrière toi, ni les chauves-souris qui te poursuivent le long des réverbères. C'est l'heure où le dernier bus passe dans ta rue, là où celui qui portait ton nom habitait. Au numéro quarante, premier étage gauche, dans l'entrée un coffre en bois, au-dessus un miroir hérité de ta mère. Le cadre est ébréché, mais de temps en temps des visages de défunts y surgissent, surpris de ne plus exister. Penche-toi au-dessus du fleuve, tu n'y verras personne : le train t'a emporté. Peut-être la sonnerie du téléphone, peut-être un ami soucieux de ton sort, peut-être ton fils aîné là-bas, au coin de la rue, peut-être un taxi, peut-être toi, une soirée au bureau, un camarade de l'armée, ton rendez-vous chez le médecin plus long que prévu, ta femme entre le palier et la fenêtre, quelque chose comme une larme, un sanglot : n'écoute pas. Écoute plutôt l'eau du Tage, oublie ce cadre ébréché, regarde ce panier ou cette botte à la dérive, ce reflet quelconque mais de qui ? Dis

— Vlkab

dis

— Tjmp

c'est la seule langue que tu connaisses vraiment. Te souviens-tu de ton père dans le jardin ? Ce pouce déformé, cette cicatrice au poignet ? Te souviens-tu d'avoir fumé en cachette derrière le poulailler ? D'avoir chipé des œufs pour les revendre chez l'épicier ? Du chat en faïence ? Ce chat en chair et en os, réduit à deux pupilles et une queue ? Ton passé t'a quitté, tu l'as oublié, rien de tout ça n'a existé et il fait nuit à présent. Dis

— Bonsoir à tous

dis

— Fcdnqr

le Tage te comprend. Puis, peu à peu, descends vers lui. Regarde : le coffre en bois, le miroir au-dessus. Dans le coffre le trousseau de ta femme, dans le miroir des visages de défunts qui t'attendent. Tu es l'un d'eux, tu l'as toujours été. Lorsque ta femme ou tes enfants seront dans l'entrée, ils te verront au fond du miroir, entre un panier et une botte à la dérive, et ils sauront que tu es de retour. Et comme ils devineront que tu es retourné à ta source, au fond de l'eau, leurs lèvres esquisseront un sourire.

N'entre pas encore dans cette nuit noire

Quel que soit l'âge que tu avais tu me semblais si jeune encore. Je ne sais comment l'exprimer, mais chaque fois que tu me regardais, j'avais l'impression que ton sourire naissait d'abord sur mes lèvres pour ensuite s'étendre sur tous les murs de la maison, jusqu'à irradier ton visage comme certains cerisiers, certains enfants, certaines roses. Ou certains oiseaux. Les alouettes par exemple, à Abrigada, derrière lesquelles tu courais toujours, persuadée de voler. Les cheminées, les toits étaient rares alors, des arbres peuplaient la montagne, alanguis par le parfum des genêts, des arbres qui la nuit venue aboyaient comme des chiens, te guettant à chaque porte, courant dans le jardin, fuyant la lune dans le calme serein du potager. À cette époque bien des choses étaient sans nom : certaines pages manquaient dans le dictionnaire de mon grand-père et sur le buffet un espace était laissé entre les verres pour les promenades du chat. Les tiroirs regorgeaient de mystères : la sœur que tu n'as jamais connue, des timbres, des herbiers, des ampoules grillées, des yeux d'aveugle flétris qui illuminaient le bureau. Devant le mur une statuette en plâtre qui chaque hiver perdait un nouveau doigt. Le navigateur des Açores qui peuplait tes nuits de naufrages et d'alcyons planant au-dessus de l'écume. L'oncle José à Caldas da Rainha avec ses poches remplies de miettes pour les cygnes du parc, sa moustache qui freinait sa tendresse et ses paroles. Quel que soit l'âge que tu avais tu me semblais si jeune encore : le goût des mûres après la pluie avait toujours une fraîcheur de matin qui se lève et, parfois, arrivaient des lettres de Lisbonne et le journal de midi avec ses incroyables nouvelles du monde, des évènements ayant eu lieu au pays de la détresse, des mots dont tu ignorais le sens car le vent épousait les moindres contours de ton corps et chassait toute ombre de sang, toute inquiétude qui aurait détourné tes pas du chemin du soleil. Les pierres oui. Les herbes oui. Et toi debout, dans la blancheur printanière des acacias. Si seulement je pouvais te parler. Si seulement mes mains, ma voix pouvaient te toucher : ne m'écoute pas, il est encore trop tôt pour que tu saches que j'existe. Tu ne connais que le soleil et quelques voix, quelques rumeurs essentielles, l'eau, les feuilles de l'orme à six heures du soir, le passage des troupeaux mêlé au lourd silence de ton père. La vaisselle de la cuisine, lieu calme et enfumé où le facteur reluquait la cuisinière en dissimulant son embarras sous sa casquette. Sa bicyclette, même à l'arrêt, grimpait toujours une allée, celle menant à la rivière où la vase se transformait en grenouilles qui t'effrayaient. Pour toi, l'horloge ne sonnait jamais l'heure d'être grande. Tu n'as jamais grandi même après avoir eu des enfants, car après chaque naissance tu retombais amoureuse pour souffrir secrètement et sentir les dimanches alourdir tes bras. Tu maquillais tes paupières tout comme, enfant, tu ajoutais des cils aux soleils que tu dessinais. Et des joues. Et des cheveux. Et un nuage chargé de cerises. Car au fond telle est la vraie réalité : il n'est pas de soleil sans cils, ni de nuages sans cerises. Seulement nous l'oublions, et de cet oubli naît notre étonnement. Des nuages avec des cerises oui : de n'importe quel nuage

(tout enfant vous le dira et c'est naturel)

on peut tirer l'essentiel pour prendre la vie du bon côté. L'envers cache le sinistre terrain vague de ce que nous ignorons : des décombres tels que la patrie, les os, les miasmes de la jalousie, tout ce à quoi tu ne t'es jamais heurtée, que tu as seulement soupçonné par instants ; tu étais si jeune encore, tu seras toujours si jeune même à présent que tout n'est que cendre autour de ton nom et que personne ne s'approche plus de toi. Mais il me plaît de penser que tu continues à grandir parmi les citronniers d'un autre été et que tu te penches en Angola pour écouter la terre. Tu te souviens ? Tu avais les cheveux courts, une robe en percale et les passants s'arrêtaient pour te regarder : toi tu ne les voyais pas, tout à l'écoute du cœur de la terre, du feu dans les herbages, de ta fille. Et le balancement de tes épaules, quand tu marchais, évoquait celui d'un navire. Ainsi es-tu partie mais n'entre pas, n'entre pas encore dans cette nuit noire, ne nous laisse pas ici où tant de ronces écorchent même la mer. Tout comme les larmes, vois-tu, ne sont qu'épines également. La seule manière de te rester fidèle c'est de recoudre ma vie, lentement, par l'envers de la douleur, et de tisser une poitrine où tu puisses poser ta tête, de recouvrir les miroirs de grands voiles pour que rien n'empêche ton retour. Comme je n'ai pas voulu te voir partir, je serai ici le jour de ton arrivée. Moi-même je suis revenu de la guerre quand personne n'avait plus aucune nouvelle de moi. En novembre, au matin, très tôt, si bien que le souvenir des morts n'a pas eu le temps de se réveiller dans mes veines. Ils dormaient comme tu dors. Et ils sont ici. Ils font partie de toi, de moi, du monde. Et d'eux tu renais. Majestueusement.

En cas d'accident

Aujourd'hui je serais prêt à m'en aller : prendre les clefs de la voiture sans raison précise
(les clefs sont toujours dans le vide-poches de l'entrée)
descendre l'escalier
(ne pas prendre l'ascenseur, descendre l'escalier)
jusqu'au sous-sol, attendre que le rideau électrique se lève entre deux craquements et signaux lumineux, voir la porte automatique s'ouvrir doucement et, aussitôt dans la rue, accélérer à fond, griller les feux rouges en direction de l'autoroute, sans prêter attention aux panneaux ni aux bornes kilométriques, sans penser à rien, sans but, sans rien éprouver d'autre que cette hâte de m'en aller, ce besoin pressant de mettre entre moi et moi un vaste espace, d'oublier mon nom, celui de mes amis, ma famille, le livre que je n'arrive pas à terminer et qui me ronge. M'arrêter dans un de ces restaurants de station-service près d'un péage pour y déjeuner sans regarder personne, sans remarquer personne, pas même les enfants qui courent entre les tables, puis accélérer de nouveau en serrant le volant aussi fort

que je serrais enfant le guidon de ma bicyclette, tandis que mon père courait à mes côtés pour m'apprendre à pédaler.

Aujourd'hui je serais prêt à m'en aller : les murs de la maison m'oppressent, tout me paraît petit, vain, hostile. Écrire des romans. Les publier. Attendre des mois que me vienne une nouvelle idée pour un autre roman. L'écrire. Le publier. Recevoir des appels de mon agent au sujet de contrats, de traductions, de prix. Recevoir les critiques de l'éditeur, et les longs cortèges d'éloges absurdes débités par ceux qui n'ont rien compris. Ou bien c'est moi qui ne comprends pas. De toute façon je ne relis pas mes livres, je me borne à les produire et, une fois qu'ils sont achevés, mon esprit se tourne vers le prochain qui m'attend. Abandonner toutes ces pages également. Aujourd'hui je suis vraiment prêt à m'en aller avant de devenir dingue comme ces chiens qui tournent en rond toute la nuit. Je vais à la fenêtre et constate que le froid a couvert de givre le couvercle des poubelles, il n'y a qu'une fenêtre éclairée dans un immeuble au loin. On dirait que plus personne ne vit sinon moi. Moi et un téléphone muet qui semble sur le point de pousser des cris. Mes côtes respirent contre la vitre. Sur le parking devant la maison un pigeon mort. Ou une mouette. Une bête. Le couvercle des poubelles reflète les réverbères en taches craquelées et fixes. Je me fais une grimace dans le carreau.

Aujourd'hui je serais prêt à m'en aller. Je prendrais tout l'argent contenu dans ce tiroir, je laisserais ici mon portefeuille, mes papiers, les signes de ce que je suis. Si l'on me demande ma profession, je répondrai que je n'en ai pas. Je ne suis qu'un homme dans un restaurant de station-service près d'un péage, mastiquant en silence. Peut-être reviendrai-je un jour, peut-être pas. Que diront mes éditeurs français, allemand, suédois ? Dans ma boîte aux lettres, des télégrammes de mon agent désespéré qui ne me parviendront jamais, des lettres intactes réclamant une œuvre pour laquelle j'ai été payé et que j'ai laissée en plan, presque à la fin du dernier chapitre, et qu'il faudrait corriger, modifier. À quoi bon ? Des reliures et des reliures inutiles encombrent mes étagères, des éditions d'auteurs que j'aimais lire et qui maintenant me sont indifférents : Felisberto Hernandez, William Gaddis, Eliseo Diego. Felisberto Hernandez et Eliseo Diego sont déjà morts. Felisberto Hernandez joue du piano sur la photo que j'ai de lui, Eliseo Diego me regarde une pipe à la main. Peut-être, outre l'argent dans le tiroir, emmènerai-je avec moi Felisberto Hernandez, un auteur admirable. Ou Juan Benet. Je pourrais les lire tout en mastiquant. Eliseo Diego, qui était poète, ne convient pas pour le restaurant, il faut le lire quand on est tout seul chez soi, dans l'intimité. Il a composé un poème très court sur sa grand-mère, où celle-ci lui demande de voiler tous les miroirs de la maison. M'en aller c'est comme de voiler les miroirs. Aujourd'hui je serais prêt à m'en aller. Sans éclat, sans dispute, sans explication, sans ce coup d'œil rapide pour vérifier que les cheveux sont bien en place. Lorsque j'étais un jeune médecin, j'ai soigné une femme âgée qui était sur le point de mourir. Un après-midi elle m'a demandé :

— Vous ne me trouvez pas fatiguée ?

et le matin suivant les hommes des pompes

funèbres sont venus la mettre dans un cercueil. Sa fille m'a raconté qu'après la question

— Vous ne me trouvez pas fatiguée ?

la mourante lui a discrètement demandé un doigt de vin de Madère. Une moitié a dégouliné dans son cou mais l'autre l'a revigorée. Elle était veuve depuis bien longtemps et n'espérait plus grand-chose. Si un jour je retourne à Tomar, j'apporterai une bouteille de vin de Madère sur sa tombe pour la laisser sur le marbre, au milieu des fleurs. Je m'approche de la fenêtre et retrouve le couvercle des poubelles sous le givre. Les arbres du parc ont fini par s'apaiser. J'allume la télévision. Je ne comprends pas ce qui se passe sur l'écran mais je continue de regarder. Un enfant me sourit depuis le poste. Malheureusement son sourire ne dure pas. Peut-être n'était-ce pas un sourire. Peut-être que c'est moi qui ai besoin d'un sourire. Il y a des moments dans la vie où nous avons tellement besoin d'un sourire. Faute de mieux je toque du doigt contre la vitre.

Moi, depuis des siècles

Assis dans l'herbe, j'écoutais la terre, les grillons qui tissaient le silence, cousaient les pierres aux ombres, cousaient les nuages au toit de la maison, jusqu'à ce que la voix de ma grand-mère retentisse dans une chambre du haut, les grillons se taisaient et voilà que tout sonnait juste, les éléments étaient en harmonie réciproque, ma respiration à l'unisson, je fermais les yeux et durant un instant, hors du temps, j'étais heureux. Lorsque j'ouvrais les yeux les odeurs montaient : celle de septembre le long des vignes, celle des bœufs revenant de la pinède, celle d'un morceau de mica que je serrais dans ma main, celle de la montagne aux crêtes dessinées au crayon. L'odeur de mon corps aussi, une odeur inachevée d'enfant, des gestes inachevés, des mains qui tâtaient le contour d'une orange et les arêtes d'une pierre. Toute différente, l'odeur insaisissable des morts aux fosses nasales énormes sur le coussin du cercueil, au-dessus duquel chacun faisait un signe de croix avec un rameau d'olivier mouillé d'eau bénite. Puis, avec lenteur, on refermait le couvercle

— Où sont les narines ?

dans le cimetière envahi d'herbes et de pierres tombales. On recouvrait le cercueil sous des fleurs solennelles et le mystère commençait. Où est-il allé ? Où se trouve-t-il ? Sous les feuilles rien que des racines, des bestioles minuscules, de l'eau croupie, les os dispersés d'un chien, tapissés par la mousse des ténèbres. Où donc

dites-le-moi

aboie-t-il à présent ? Il me semblait l'entendre le soir, au ras de l'herbe, un son bref qui s'échappait vers la gare dès que je l'appelais. Si bien que, restant là sans bouger, j'avais l'espoir de le voir entrer dans la chambre en reniflant les ombres, s'attardant le long des meubles, s'enroulant pour finir dans la frange du tapis, haletant, épuisé.

Je ne demandais rien parce que je sentais qu'aucune réponse ne me satisferait, que les gens, distraits, se contenteraient de

— Comment ?

sous l'œil ébahi d'une vieille horloge. Le cœur de chaque personne me semblait également une horloge, un étrange mécanisme scandé par des paroles qui passaient au-dessus de ma tête, rapides, compliquées, dures. Rien que des mots. Des adultes faits de mots, des bouches façonnant des sons parfaits, inutiles. Je me demandais à moi-même

— Qui sont-ils ?

ces chemises, ces robes, ces lunettes sérieuses qui de temps à autre se penchaient sur moi

— Le gosse ne mange rien ?

avant de revenir à leurs phrases obscures. Au fond de mon assiette un éléphant sautant à la corde, sur mon verre une abeille aux yeux maquillés, et l'éléphant comme l'abeille me déclaraient

— Tu n'as pas grandi

me déclaraient

— Tu ne grandiras jamais

jusqu'à ce que la soupe submerge l'éléphant et que le lait estompe l'abeille, un insecte quelconque qui ne m'accusait plus. Mes pieds ne touchaient pas le sol, mon menton rasait la nappe, au bout de la table des lunettes plus grosses qui lançaient avec autorité

— Mange.

Si j'avais été un grillon, j'aurais cousu les paupières derrière les lunettes pour qu'elles ne puissent plus me voir parmi les autres.

Quand mon grand-père ôtait ses lunettes son visage se déshabillait, sa peau rougie par la marque des branches. Le pli laissé par son chapeau, lui, ne disparaissait jamais, divisant sa tête en deux moitiés, celle du haut occupée par des cheveux, l'autre par une bouche, des mains, une serviette, un quignon de pain pieusement glissé entre les gencives, telle la manne céleste. Un aliment qui, à moi, ne m'inspirait aucune vénération, ce n'était que du pain. Il s'enroulait autour de ma langue, ramollissait. Par la fenêtre le châtaignier nous saluait mais personne ne le remarquait. Le lustre n'éclairait pas le plafond mais les fourchettes, les flacons de gélules des adultes, la Cène en relief accrochée au mur à laquelle les cloches, le dimanche, ajoutaient une profondeur de couloir sacré. À neuf heures on m'envoyait au lit et leurs conversations, dans le salon, amplifiaient le monde. Le coq, étourdi, chantait à tue-tête, inventant un horizon à partir du poulailler. Tout semblait si lent et si dense ! Les branches, un autocar sur la route, un fruit qui n'en finissait pas de tomber. Mais une fois que j'étais endormi, les années en profitaient pour se ruer les unes sur les autres : sans doute allais-je me réveiller en vieillard, avec des lunettes, en ordonnant

— Mange

mais à qui ? Je n'avais personne à qui donner des ordres. Aussi me disais-je à moi-même

— Mange

et j'étais tout étonné de ne pas devenir adulte. Pendant des siècles je ne suis pas devenu adulte. Puis il s'est produit je ne sais quoi et je me suis retrouvé tel que je suis à présent. Mais c'était il y a bien des semaines, de sorte que je ne saurais dire si cela s'est réellement passé. Je crois que non : si je me tiens sans bouger voilà que j'entends de nouveau les grillons tissant le silence, cousant les nuages au toit de la maison, et durant un instant, hors du temps, je suis heureux. Je me fais un signe d'adieu dans le miroir

— Adieu mon bonhomme

et, refermant ma main sur un morceau de mica, je me réjouis de voir les bœufs revenir de la pinède.

Subsides pour la biographie d'António Lobo Antunes

Je crois avoir hérité de mon grand-père le goût de rester assis en silence à regarder. Lui, il le faisait dans son jardin. N'ayant pas de jardin, je le fais à la maison, sur les bancs publics, dans les parcs, dans les centres commerciaux. Quand j'étais à l'université, aussitôt après mon cours à la morgue, je descendais l'Avenida da Liberdade et, en glissant d'abord une fesse, puis l'autre, je m'appropriais un petit coin de banc entre deux retraités. Tout comme moi, les retraités causaient peu. Seules me parlaient leurs pantoufles, leur cigarette roulée et leur canne. Généralement j'étais le dernier à m'en aller. Ma blouse sur les genoux, je regardais la ville s'illuminer. Les pigeons s'envolaient vers le toit où se dressait l'enseigne Sandeman, un homme en cape et chapeau, tenant à la main un verre de porto. Pour moi, depuis l'âge de cinq ou six ans, il n'existait rien de plus beau. J'aimais Mandrake car il lui ressemblait : « Mandrake fit une passe magique et… » En levant son verre l'enseigne Sandeman faisait une passe magique et la nuit apparaissait. Ce miracle quotidien continue de m'enchanter. J'étais également fasciné par les affiches devant les cinémas et les ampoules qui scintillaient autour des noms des acteurs : Esther Williams, Joan Fontaine, Lana Turner. J'ai voué à Lana Turner un amour fou, exclusif. Dans mes moments de découragement, je ne suis pas loin de penser qu'elle s'est montrée ingrate à mon égard. Mais le découragement, bien entendu, est passager, et ses cheveux platine, ses sourcils évasifs esquissés au crayon, en demi-cercles parfaits, ses vertigineux décolletés en satin, son rouge à lèvres écarlate, tout cela me confirme dans un amour éternel, éternellement partagé. Sa fille a tué le gangster Johnny Stompanato, son présumé ami

(sûrement pas son amant, puisque c'était moi son amant)

et aujourd'hui encore je lui en suis reconnaissant. Dans ma cuisine, j'utilisais le couteau avec lequel Lana Turner, j'en étais sûr, avait préparé une choucroute, mon plat préféré, en pensant à moi. Aussi ça ne me plaisait guère de la voir embrasser d'autres hommes dans ses films. Mais peut-être était-ce mieux ainsi, car si j'étais arrivé à la maison couvert de rouge à lèvres, en expliquant à ma mère

— C'est Lana Turner, elle est folle amoureuse de ton fils

je crains qu'elle n'eût pas apprécié la perspective

pas la perspective, la certitude

de voir son gamin de onze ans se marier avec une divorcée, car cela excluait toute cérémonie religieuse, or nous étions catholiques.

L'argument

— Une divorcée, mon fils

me désolait. J'ai essayé d'en discuter avec Lana Turner, elle sur l'écran et moi au second balcon

— Ma mère va nous mettre des bâtons dans les roues parce que vous êtes une divorcée

un spectateur, trois rangs plus loin, m'a fait taire, mais au moment où Jeff Chandler a embrassé Lana Turner j'ai compris qu'elle me disait non d'un hochement de tête avant de fermer ses paupières aux longs cils

(pas pour le plaisir, mais par nécessité professionnelle, quel effet pouvait lui faire Jeff Chandler, avec ses cheveux blancs, comparé à moi, en short ?)

enfin elle m'assura qu'elle parlerait en personne à ma mère de l'urgence vitale de notre union tandis que Nat King Cole, en musique de fond, fredonnant *Illusion de la vie*, lèverait les dernières résistances d'une mère trop soucieuse. J'ai d'ailleurs tenté de sonder le terrain : je me suis approché avec désinvolture de son tricot, j'ai touché son bras, ma mère s'est arrêtée de compter les mailles

— Qu'y a-t-il ?

j'ai annoncé sur un ton anodin

— Je crois que Lana Turner et moi sommes fiancés

ma mère s'est remise à compter ses mailles, soixante-six, soixante-sept, soixante-huit

— Ah oui ?

ce qui prouvait qu'elle acceptait le fait sans discuter, j'ai donc regagné ma chambre, j'ai déclaré à ma fiancée, en manteau de fourrure sur un poster collé au mur

— C'est fait

et j'ai officialisé notre engagement en portant une

bague d'aluminium gagnée en tirant les rois. J'ajoute que ce fut une union heureuse, sans coup de couteau dans le contrat, jusqu'à ce que je rencontre Anne Baxter, à douze ans, dans *Les Dix Commandements*, épouse de Yul Brynner, le pharaon, et amoureuse de Moïse alias Charlton Heston. J'ai écarté Yul Brynner et Charlton Heston d'une pichenette et j'ai oublié Lana Turner. Ce n'était pas joli joli mais la nature humaine est impitoyable. J'ai craint la réaction de ma mère, qui vivait depuis des lustres avec mon père et que je soupçonnais d'être conservatrice. Je lui ai révélé la nouvelle d'un air apeuré en touchant son bras occupé à tricoter. Heureusement, en être évolué, elle s'est contentée de dire

— Ah oui ?

en ajoutant

— Si tu continues à mener cette vie de play-boy jamais je ne finirai mon tricot

comme pour s'égayer à mes dépens. J'ai regagné ma chambre, j'ai déclaré à Anne Baxter, punaisée au mur, à l'ex-place de Lana Turner

— C'est fait

Yul Brynner et Charlton Heston, bons perdants, se sont résignés au fait, j'ai d'ailleurs remarqué que Yul Brynner l'embrassait avec moins de fougue dans le film

c'est la vie, on ne peut rien contre les sentiments

je n'ai senti aucun remords pour Charlton Heston, sachant qu'il mourrait au seuil de la Terre promise, et je n'ai quitté Anne Baxter que dans *Ève*, quand j'ai découvert l'horrible méchanceté de son caractère, en la voyant faire souffrir Bette Davis qui me rappelait ma grand-mère. En désespoir de cause j'ai voulu revenir vers Lana Turner qui, désemparée après notre rupture, avait disparu des cinémas. Si vous la rencontrez, dites-lui que j'éprouve de profonds regrets et que je lui demande pardon. Dites-lui également de téléphoner chez mes parents : il doit s'y trouver un gamin, portant au doigt une bague gagnée le jour des Rois, qui répondra à son appel.

Nature morte et femme

Depuis la mort de son mari et le départ de ses enfants, elle louait chaque année en septembre un minuscule rez-de-chaussée non loin d'une plage, où autrefois elle avait eu une grande maison. Un rez-de-chaussée coincé entre deux immeubles, devant une boucherie, dans une rue d'où elle ne voyait même pas la mer. Elle passait ses après-midi sur une chaise longue, une cigarette entre les doigts, parmi des meubles qui lui étaient étrangers, tournée vers le mur où était suspendue une assiette en faïence bleue. Elle laissait toujours la porte ouverte à cause de la fumée, mais comme celle-ci donnait sur le vrombissement de la rue, tout tremblait constamment, sa chaise longue, l'assiette, le buffet vitré avec des tasses et des verres colorés tremblait, le journal sur ses genoux qu'elle semblait ne pas lire, elle-même tremblait. À l'heure du dîner elle réchauffait dans un petit four deux friands et un bol de riz qu'elle mangeait seule, sur une table recouverte d'une nappe cirée, en regardant le journal télévisé mais le son toujours coupé. Quand la fraîcheur du soir tombait, elle regagnait sa chaise longue. Elle n'allumait jamais la tulipe rose au plafond qui aurait distillé dans la pièce un pâle halo chancelant : elle restait là à écouter les vagues ou peut-être restait-elle là à ne rien écouter. La photo de son mari mort, posée sur la commode, ne s'intéressait à personne. Dans l'autre pièce, un petit lit, presque celui d'un enfant, où elle devait dormir. Dormait-elle seulement ? Dans l'autre pièce, un petit lit, presque celui d'un enfant, où elle continuait à fumer en attendant le matin. À quatre-vingts ans, me demandais-je, que peut-on encore attendre d'un matin ? Elle était maigre, les cheveux courts ramenés en arrière, et ses vêtements flottant comme toujours. Elle jouait du violoncelle, à présent elle donnait des cours pendant l'hiver, dans un appartement à Estrela qui me semblait avoir subi une tempête. Elle parlait peu et ne se plaignait jamais. De quoi pouvait-elle se plaindre ? Finalement sa vie n'avait pas été si malheureuse, n'est-ce pas ?

En septembre les mouettes quittaient la plage pour assaillir les toits où elles criaient effrayées par les grandes marées d'équinoxe. Les estivants peu à peu s'en allaient, le boucher, sans clients, se grattait sur le seuil, presque plus rien ne tremblait dans la rue. Parfois il pleuvait sur les reliefs de l'été et les chiens surgissaient par bandes affamées des terrains vagues et des dunes, bâtards errants qui reniflaient les poubelles. Le boucher les chassait à coups de balai et ils se carapataient vers la plage en quête de déchets oubliés. On pouvait les voir depuis la digue inspecter roseaux, paniers et bottes, tous ces débris rejetés par la mer. À la nuit tombante ils hurlaient vers la montagne, couronnée par les premiers nuages d'automne. Les employés municipaux balayaient septembre à coups de jets d'eau. Plus aucune voiture ne passait. Rien que le froid d'octobre. Dans ce rez-de-chaussée coincé entre deux immeubles, dans une rue d'où l'on ne voyait pas la mer, sa cigarette entre les doigts ne se consumait jamais. Son mari, une présence toujours plus lointaine sur la photo. Il était là, en cravate, dans ce qui semblait être un jardin. Encore jeune, les cheveux bruns et avec des lunettes. Elle l'avait trouvé bel homme. Elle ne lui trouvait plus rien du tout à présent, mais elle continuait à trimbaler cette photo dans sa valise pour la poser sur sa table de chevet, près d'un réveil dont les heures n'avaient plus de sens. Treize heures vingt, sept heures douze, une heure dix : peu importait. Assise sur sa chaise longue elle continuait à fumer. Jusqu'à quand ?

Souvent, quand je faisais une pause dans l'écriture de mon roman, je passais la voir. Je descendais, depuis Tomadia, je frappais à la porte ouverte et j'entrais. Je m'asseyais sur une seconde chaise devant sa chaise longue et je posais mon coude sur la nappe cirée. Bien que mécontent de mon travail, je lui souriais. Le sourire qu'elle me renvoyait me rappelait une lézarde sur un mur usé. Dehors, un gamin sur une bicyclette se livrait à des acrobaties, et un homme avec une bouteille de gaz à l'épaule traversait la rue. Dans le buffet les tasses et les verres colorés m'intriguaient. Qui avait pu s'en servir, en janvier, en mars, en mai ? Puis une phrase mal écrite me revenait à l'esprit et je repartais pour aller la corriger. C'était pour moi un roman éprouvant, dont les mots me venaient lentement. Je ne parvenais à écrire que trois pages par semaine, en me levant tôt et en y passant toute la journée. Dans le bois, un merle me distrayait, sans doute le même que lorsque j'étais enfant. Merle, merle. L'homme à la bouteille de gaz s'arrêtait pour reprendre son souffle, le gamin à bicyclette avait disparu. Cela me faisait de la peine de la laisser là sur sa chaise longue, devant cette assiette en faïence bleue accrochée à un clou. Que pouvais-je faire ? Empêcher octobre et les mouettes de crier sur les toits ? Chasser les chiens errants avec le balai du boucher ? Faire tourner la manivelle en arrière et lui rendre

— Tenez

sa grande maison, avec jardin, piscine, sculpture en marbre à l'entrée ? Je voulais les oublier elle et sa porte ouverte à cause de la fumée, son journal sur les genoux qu'elle semblait ne pas lire. Oublier ses friands et son bol de riz. Son journal télévisé muet, où un poisson affublé d'une veste ouvrait et fermait sa bouche mêlée à des incendies et à des ministres. Si bien que je disais

— À demain

et, une fois dehors, je fourrais mes mains dans mes poches. Je les enfonçais le plus loin possible dans mes poches, les poings tellement serrés qu'au moment de reprendre mon stylo mes doigts étaient endoloris. Mais ce n'était pas grave : je les massais tout en me relisant, jusqu'à ce que je pusse m'y remettre. Il fallait juste que j'oublie votre sourire, cette lézarde de mur usé. Mais ça, grâce à Dieu, on l'oublie aisément. N'est-ce pas ?

Entre-deux

Guez de Balzac relate l'histoire d'un Norvégien qui en regardant un rosier pour la première fois s'étonna de découvrir un arbuste en feu. Au cours de ma vie, dont les années me semblent parfois innombrables, parfois insignifiantes selon que je sois fatigué ou distrait, si bien que je ne sais plus au juste combien il y en a

(je me surprends à les compter sur mes doigts comme un mauvais élève ayant oublié ses tables de multiplications)

au cours de ma vie je me suis souvent senti comme ce Norvégien qui n'avait jamais rien vu. Les évènements ont beau se répéter, je les accueille toujours avec le même ébahissement, ce qui par naïveté ou bêtise fait de moi le spectateur idéal, enthousiaste et ingénu, celui qui ne se plaint jamais de l'inconfort de son siège, thermomètre infaillible pour mesurer la qualité d'un spectacle, une bonne pièce étant celle qui ne provoque aucune douleur à l'arrière-train. Un de mes oncles a lu le même roman durant des mois, arguant que l'un des avantages de la vieillesse consistait à parvenir au bout d'un livre sans s'en rappeler le début et de le recommencer en ayant oublié la fin, si bien que toute une bibliothèque tenait dans ces trois cents pages éternellement renouvelées. Je suppose que j'ai hérité de sa capacité à l'étonnement : quand je mets une chemise elle me paraît toujours neuve, quand une connaissance me tend la main je me présente, je rentre tous les soirs à la maison dans l'état d'esprit d'un visiteur intimidé, en m'asseyant sur le bord des chaises et en m'abstenant de ne rien sortir de mes poches, car on m'a toujours appris à ne pas toucher aux affaires des autres. Ce qui m'interdit, par conséquent, de payer quoi que ce soit

(l'argent que je porte sur moi est celui d'un autre)

et ce que les gens prennent chez moi pour de l'avarice n'est en fait qu'une répugnance au vol et une soumission au principe selon lequel il est dur de gagner sa vie. Ce doit être dur pour les autres comme pour celui qu'on appelle António Lobo Antunes et qui me prête son nom, son visage et ses habits avec une bienveillance qui me déconcerte. On ne cesse de nous confondre chaque jour comme si nous nous ressemblions, ses camarades de lycée me saluent, sa famille m'invite à dîner, on me demande des autographes : par la force des choses je commence à imiter raisonnablement son écriture et, de temps en temps, je me risque à collaborer à un chapitre, écrit lentement en me demandant ce qu'António Lobo Antunes en penserait, en tâchant de reproduire ce qu'il ressentirait lui. C'est la première fois que j'écris pour un magazine, car c'est à moi qu'on a demandé cette chronique en croyant la lui demander. Afin de n'embarrasser personne

ni les directeurs de ce magazine ni ledit António

Lobo Antunes que je vois à la dérobée dans le miroir au cours de son rasage matinal, et qui se croit délivré de ce texte

je me suis décidé à l'écrire. J'ai d'abord commencé par ce Norvégien qui n'avait jamais vu un rosier, puis j'ai poursuivi, un peu au hasard, dans l'espoir qu'on l'accepte sans découvrir l'imposture. Avec un peu de chance, personne ne s'en apercevra : les directeurs du magazine pourront, tout au plus, déplorer qu'António Lobo Antunes ait perdu en talent et qualité, les lecteurs pourront espérer qu'il les récupérera au prochain numéro, ses amis pourront lui conseiller d'arrêter d'écrire quelque temps histoire de régénérer sa plume. Mais comme ils sont délicats, ils ne lui diront rien, et comme António

(parfois je pousse la familiarité jusqu'à l'appeler par son seul prénom)

ne relit pas, par hygiène, ce qu'il écrit, je ne cours aucun risque de me brouiller avec lui. Il ne se relit pas, mais moi je me relirai. Et j'avoue être prêt à lui chiper quelques pièces dans sa poche

(malgré ma crainte qu'il les ait comptées)

pour acheter le magazine et y découvrir imprimés ces gribouillis qui m'auront coûté une heure de désarroi grammatical. J'espère que tous les compléments directs sont exacts, que les sujets et leurs prédicats s'articulent correctement, que la concordance des temps est respectée et, surtout, que les directeurs du magazine le congédieront pour m'engager à sa place, car j'ai un caractère plus souple et le sourire plus facile. À bien y réfléchir, puisque ses vestes me vont parfaitement, il est possible que ma prose convienne aux lecteurs. Et ce sera António

(voilà que je glisse de nouveau vers l'intimité)

qui me verra à la dérobée dans le miroir au cours de mon rasage matinal, intimidé par ma présence, en pyjama avant de s'enfuir par la porte en s'excusant d'habiter chez moi.

Je t'attends au milieu des mouettes

Pourquoi t'approches-tu de moi seulement quand tu as envie de faire l'amour ? Le reste du temps tu rentres de la banque pour n'être qu'un journal et un pantalon vautré sur le canapé, quand je me risque à te parler ton journal s'agite de dépit, si j'insiste tes jambes se croisent, impatientes, ta chaussure se balance dans le vide, je te touche et tu te rétractes, je caresse tes cheveux et ta tête se rétrécit, toute hérissée, une plainte s'élève de ton journal

— Qu'est-ce que tu veux encore ?

— On ne peut plus lire en paix ?

— Ça t'amuse de me décoiffer ?

pendant le dîner tu roules des boulettes de pain en poussant des soupirs, tu disparais avant que je termine mon plat, pas un mot sur ma nouvelle jupe, pas une question sur ma journée au ministère, pas même un baiser, tu restes là, les mains dans les poches, à observer l'immeuble d'en face, tu regardes le foot au moment où commence mon feuilleton brésilien, tu t'en lasses, presses le bouton et mon feuilleton réapparaît

— Allez, vas-y, regarde tes niaiseries

tout t'ennuie, t'indiffère, t'épuise, mais une fois par semaine, alors que j'allais m'endormir, ton bras m'attrape, ton épaule me fait mal, un rapide vertige, l'immeuble secoué par le passage d'un camion, mes yeux fixés sur les chiffres lumineux du réveil près de ton dos indifférent, qu'est-il arrivé mon amour, pourquoi as-tu tant changé

(— Je n'ai pas changé du tout, quelle idée)

au début de notre rencontre, il y a dix ans

je mens

il y a onze ans, quand tu t'approchais de moi, tes doigts tremblaient de timidité, un sourire papillonnait sur tes lèvres sans jamais parvenir à s'y poser

— Nous pourrions prendre un café un de ces jours mademoiselle Clara

si avenant, si tendre, si attentif avec moi, dès que je changeais de boucles d'oreilles, de bague ou de coiffure, tu le remarquais

— Cette frange vous va à ravir mademoiselle Clara

mon père t'a vite trouvé sympathique en te voyant te lever, avec ce sourire papillotant, dès que j'entrais dans le salon, que s'est-il passé mon amour, pourquoi as-tu tant changé

(— Tu radotes, bon sang)

en novembre nous descendions jusqu'au fleuve, là où toutes les mouettes étaient réunies sur la plage, nous courions main dans la main pour les effrayer, tu me trouvais amusante, belle, tu me disais que j'étais merveilleuse quand je courais

— Vous ressemblez vraiment à une mouette, vous savez ?

et qu'un jour je m'éloignerais de toi, en battant

des ailes dans le sillage d'un cargo turc, tu me demandais à l'oreille, paniqué et anxieux

— Tu ne me quitteras jamais n'est-ce pas ?

(— Comment peux-tu dire une chose pareille, mon Dieu)

tu m'enlaçais si fort que je ne pouvais presque plus respirer, je t'en prie, dis-moi qu'ai-je donc fait pour que tu aies tant changé, tu sais si nous retournions en novembre sur cette plage, je pourrais encore courir de la même manière, où sont passés ton sourire et tes doigts tremblants, j'ai un nouveau rouge à lèvres, un décolleté coquin, des chaussures que j'ai toujours évité de porter pour ne pas être abordée par les hommes dans la rue

— Certains me trouvent jolie, tu sais ?

(— Ils en ont de la chance)

je descends jusqu'au bord du fleuve et j'attends parmi les mouettes que tu me rejoignes

(— Tu es devenue folle ou quoi ?)

sans ton journal, tes stylos, tes boulettes de pain, pour m'inviter, nerveux, à prendre un café sur l'esplanade, en chuchotant entre deux sourires papillotants

— J'ai tellement envie de t'embrasser, Clarinha

(— C'est fou les bêtises qu'on peut débiter quand on est jeune)

mais voilà que les mouettes ont disparu et nous voici tout seuls, mon amour, rien que la plage, les vagues et moi si heureuse, si sûre

j'en suis persuadée

(— Chacun croit ce qu'il veut)

que nous serons heureux pour toujours, que nous serons heureux le jour où tu me laisseras tu me laisseras n'est-ce pas, je suis sûre que tu me laisseras

(— Quelle entêtée tu fais, ça tourne à l'obsession, bon sang)

t'embrasser.

Province

Ça s'est sûrement passé ainsi. Ou peut-être pas tout à fait, mais peu importe. Ou peut-être rien de tout ça n'a eu lieu, et peu importe également. Qui va s'en soucier, tirer ça au clair, m'interroger ? Quoi qu'il en soit il fait nuit, il faisait nuit. J'étais assis au balcon, devant la montagne. Tu entendais la conversation des grandes personnes à l'intérieur, des voix, des rires, des discussions, encore des rires, des paroles dont le sens t'échappait. Les hommes de la famille me paraissaient si grands, les femmes, elles, même attentives, semblaient toujours ailleurs. Dans la chambre où je dormais, une lampe qui restait toujours allumée : ma grand-mère comprenait ma peur du noir. Elle comprenait tout. Elle était aussi grande que les hommes et tous se taisaient quand elle prenait la parole. Je ne peux pas dire : ça s'est sûrement passé ainsi. Ça n'a pas pu se passer autrement.

C'est étrange, mais je me souviens davantage des châtaigniers que de ma famille. Il y avait un châtaignier

deux châtaigniers

devant la maison, quatre châtaigniers sur la

droite, deux autres plus loin. Dès qu'une bogue tombait à terre, j'allais l'ouvrir avec une pierre, je m'écorchais toujours en épluchant les châtaignes

je n'ai jamais réussi à éplucher une châtaigne jusqu'au bout

et je mangeais la chair blanche qui ne me plaisait sans doute pas, tandis que la cuisinière, inquiète, me prédisait un mal de ventre. Son frère s'était jeté dans un puits, ce qui à mes yeux faisait d'elle un être effrayant, comme si la mort de son frère avait légèrement déteint sur elle et qu'une moitié de sa personne, bien qu'elle me grondât, était tragiquement morte. Lorsqu'elle s'est mariée avec un pompier, j'ai aussitôt pensé que celui-ci allait me fourrer dans un sac pour aller me vendre aux gitans. Personne ne semblait se soucier qu'on puisse me vendre aux gitans. De temps en temps le pompier me promenait dans sa carriole. Il portait un gilet et s'appelait Carlos. Une manivelle servait de frein à la carriole tirée par une mule. Sa croupe grouillait de mouches. À l'autre bout de la mule, là pas de mouches, pointaient deux oreilles qui pivotaient. Je leur parlais et elles

hop

se tournaient vers moi. Ça ne s'est pas sûrement passé ainsi : ça s'est passé ainsi.

Une chose remarquable à cette époque était la qualité du silence. Par exemple le silence entre les coups de cloches, pendant la messe du dimanche ou lors d'un enterrement.

Les gamins traversaient le bourg derrière le cercueil ouvert, tout de blanc vêtus, alignés deux par deux, ébahis. Dès que l'un d'eux sortait du rang, l'institutrice rappliquait au pas de course en le menaçant. Le portail du cimetière restait ouvert très longtemps. Les arbres susurraient des secrets au-dessus des tombes, où il me semblait entendre les syllabes de mon nom. M'annonçant quoi ?

Il y avait aussi le silence de la vigne qui descendait en terrasses jusqu'à la voie ferrée. Le juge qui portait des chemises sans col, fermés par un bouton en or. Ce devait être quelqu'un de terrible car dès que je l'apercevais, sous son chapeau de paille, il rentrait en courant dans sa maison. Tous les samedis, le juge et le curé jouaient aux cartes, pendant que la servante du curé leur servait du thé. Quand je passais près du mur, la servante me faisait un signe de sa main potelée. J'aurais juré qu'il y avait un coussinet à l'intérieur.

J'aimais les chats parce qu'ils semblaient solides à l'arrêt, mais liquides lorsqu'ils se mettaient en mouvements, bandelettes d'ombres se faufilant entre les tournesols. Un matin j'ai découvert une femelle crucifiée dans le bois, un clou enfoncé dans chaque membre. Il y avait des pots en terre cuite accrochés aux pins où la résine s'écoulait lentement. La bête me regardait. En se rendant de bonne heure au poulailler, on trouvait les œufs encore chauds.

Puis le vent. En septembre, avec les premières pluies qui annonçaient l'automne. Les vieux affirmaient qu'autrefois on entendait les loups, leurs pas feutrés dans la forêt où jamais le soleil ne pénétrait. Le vent brandissait les branches aux fenêtres. Avant le dîner, on me faisait prendre ma douche avec un seau, au-dessus d'une grille. Les cheveux châtains de ma mère. Ses yeux clairs. Jamais aucun loup ne s'est approché de nous.

Et après le vent, décembre. Les dernières bogues des châtaigniers éparses sur le sol, la servante du curé encadrée dans la fenêtre où elle pressait contre sa joue un mouchoir imbibé de vinaigre pour soulager une dent, monsieur le curé qui allumait tout seul des cierges dans l'église glacée. Notre cuisinière qui est retournée à Viseu avec dans sa valise la photo de son frère noyé. Le pompier lui a dit au revoir en levant sa casquette, l'écho des sabots de la mule a résonné longtemps sur la place. Dans le petit salon de ma grand-mère, une harpe à laquelle manquait des cordes. Mon père est tombé malade en janvier. On lui a donné un verre de vin et il s'est aussitôt mieux senti. Du sucre et du miel dans le vin.

— Bois, Aurélio.

Il avait joué de la guitare à Coimbra, lorsqu'il y faisait ses études de droit. À cette époque, il enfilait un ongle postiche sur son pouce. Aujourd'hui encore, il me suffit d'ouvrir ce tiroir pour tomber dessus, seulement je suis incapable de m'en servir. Ce n'est pas grave. Ma femme m'appelle pour déjeuner. Je pose mes pieds sur le bord de la cheminée et je n'ai plus froid. Ça s'est sûrement passé ainsi. Ou peut-être pas tout à fait, mais peu importe. Quand viendra mon tour de tomber malade, on mettra du sucre et du miel dans mon vin. Le miel fait toujours du bien.

C'était à prévoir

Pour commencer ce n'était pas cette maison, mais l'autre. Plus jolie, plus neuve, avec un jardin entretenu et un chat sur le bord de la fenêtre, là-bas près des pots de géraniums. J'admets que d'après mes dires tu aies pu croire que c'était celle-ci, la description de la rue coïncide

la troisième à gauche après la poste

la description de la façade et du toit également, mais regarde comme elle est vieille et abîmée, un pan de la cheminée est tombé, le balcon s'affaisse, des mauvaises herbes tapissent le patio. Et puis je ne vois plus ma mère repasser devant la fenêtre ouverte, je vois une étrangère.

Sais-tu quel est ton problème ? Non, sérieusement, sais-tu quel est ton problème ? Je vais te le dire en toute honnêteté : ton problème c'est que tu ne m'écoutes pas, or ton problème finit par devenir le mien dans la mesure où nous sommes encore mariés. Et être marié avec toi

je te le jure

être marié avec toi est devenu un gros problème pour moi. Tu ne connais rien. Tu ne comprends rien. Tu interprètes tout de travers. Et je t'assure qu'il y a encore des femmes qui connaissent, qui comprennent, qui n'interprètent pas tout de travers. Quelques-unes. Beaucoup. Presque toutes. Et parmi ces presque toutes

pardon, mais c'est ainsi

je suis navré de ne pouvoir t'inclure. Il m'est plus pénible de te le dire qu'à toi de l'entendre, seulement je ne peux t'inclure parmi elles. Sans aller plus loin. Aujourd'hui par exemple. En ce moment par exemple. J'ai voulu te faire une surprise en te montrant la maison de mes parents, je t'ai donné tous les détails, je t'ai fourni des indications précises, mais toi

pouf

tu stoppes notre voiture devant un taudis, toute heureuse de me montrer ce pavillon en ruine. Tu ne comprends rien. Malgré tous tes efforts tu ne comprends rien. Il y a des gens qui naissent sans cervelle, tu es de ceux-là, c'est un fait dont tu n'es pas coupable. Je te prie d'admettre

si tant est que tu puisses admettre quelque chose

que ce n'est pas non plus de ma faute. Ou plutôt si. Je me suis marié avec toi. Nous y voilà. Je t'ai épousée mais le mariage n'est pas irrémédiable. Aujourd'hui beaucoup de couples divorcent en un clin d'œil. On s'adresse à un juge, patati patata, et point final. Chacun repart de son côté et on n'en parle plus. Grâce à Dieu. Du moins en ce qui me concerne grâce à Dieu.

Comment as-tu pu imaginer que ma mère et moi aurions habité ici ? Parce que ma mère est veuve ? Parce que nous ne sommes pas riches ? Parce que je ne possédais qu'un seul costume lorsque nous nous sommes rencontrés ? N'oublie pas que nous habitions dans la maison de mes grands-parents et que mon grand-père était fonctionnaire à la mairie. Un homme de pouvoir. Rien qu'à sa main gauche il portait trois bagues. Tu vois un peu.

Mais je ne sais pas si tu vois. Tu ne vois jamais rien. Tu n'as jamais rien vu. À présent, si des doutes subsistaient encore,

mais ça ne fait aucun doute

je suis sûr que tu ne me connais pas, tu ne m'as jamais connu. C'est aussi simple que ça : tu ne me connais pas. Point final. Paragraphe. Tu ne me connais pas. Fin de citation.

Après tout peut-être est-ce la bonne maison. J'admets que ce puisse être cette maison. J'irais même jusqu'à dire qu'il s'agit de cette maison. C'est bien elle. Toutefois, vu mes indications, seules la bêtise ou la mauvaise foi ont pu te conduire ici. Et ça

excuse-moi

je ne peux l'accepter. Je t'ai parlé d'un pavillon avec un jardin entretenu, d'un chat parmi les pots de géraniums. Un bassin, ma mère repassant devant la fenêtre ouverte, mais toi

crétine que tu es

tu me conduis à une cabane en morceaux où, de tout ce que je t'ai raconté, ne se révèle exacte que la présence de ma mère repassant devant la fenêtre ouverte, cette femme là-bas qui met ses lunettes, regarde dans notre direction, sans me reconnaître. Non : elle me reconnaît car elle hoche la tête, se penche, hoche de nouveau la tête, articule

— Bonjour mon garçon

je crois, car elle est à la porte

une porte en piteux état

et nous invite à entrer. Tu aurais dû t'arrêter devant la villa située plus loin. Si tu avais eu un peu de jugeote

mais tu n'en as pas

tu te serais arrêtée devant cette villa, avec ses statues en céramique, ses azulejos, son Neptune versant de l'eau dans le bassin. Évidemment je ne pouvais pas attendre cela de toi. C'eût été trop demander à ta petite tête. Si bien que

c'était à prévoir

tu as échoué ici. À moi maintenant de réparer ton erreur, n'est-ce pas ? À moi maintenant de m'arranger, n'est-ce pas ? À moi d'essuyer les plâtres, n'est-ce pas ? Je t'en prie recoiffe-toi, défripe ta robe, sors de la voiture. Et surtout cesse de larmoyer, cesse ces pleurnicheries idiotes car malheureusement pour moi

quel mal ai-je fait à Dieu ?

je vais devoir te présenter à ma mère.

Conseils pour le foyer

Les dimanches grisâtres déteignent sur nous : la lumière de la lampe malade, la pluie malade, les pas feutrés d'une veillée funèbre. L'âme mouillée et la tête basse comme un chien. Une envie de feuilleter de vieux magazines, des livres anciens, des journaux de la semaine passée. Les odeurs se font plus présentes : celle du tapis, celle des vêtements dans les tiroirs, celle du déjeuner des voisins sur le palier. Les oranges dans la corbeille tentent en vain de célébrer le matin. Une envie de couverture sur les genoux, de faire une réussite, d'écouter un disque de Chopin où les sursauts de l'aiguille font partie de la musique : à chaque tour un sanglot écorché ajoutant à la mélancolie du piano. Souvenirs de théières chinoises, de vieux sucriers en argent dans l'armoire aux boutons en verre. Les photos aux figurants si raides, si guindés, une fillette coiffée d'un ruban, un vieil oncle, en tablier, agrippé au guidon d'une bicyclette. Sous les plis du rideau un front soucieux. Des coussins en satin brodés de clefs de sol. Des recettes de cuisine glissées dans des cahiers. Des tisanes dont les vagues arômes évoquent des noms de cousines lointaines :

camomille, citronnelle. Qu'est-ce que ça peut faire de mourir puisque nous devenons des sonnets d'almanach, des feuilles séchées dans des albums. L'eau putride dans le soliflore. Qu'est-ce que ça peut bien faire de mourir. N'est-ce pas ?

La fleur putréfiée dans l'eau du soliflore, une valise de voyage oubliée sous le lit : des autocollants d'hôtels français, un jeu de brosses à dents attachées par un élastique. Des grilles de mots croisés remplies au crayon, le sept horizontal

Affluent de l'Amazone

vide. Une envie de brioche, de tartines grillées, de biscuits s'effritant entre les doigts. Des allumettes brûlées dans le cendrier. Des papiers d'aluminium de tablettes de chocolat sur le manuel d'histoire, roses, argentés, bleus. La planche à repasser dressée dans la véranda, dessus un panier à linge. Des pinces à linge en plastique sur l'étendoir. Les chaises autrichiennes autour de la table, en attente. Hérités de la fillette coiffée d'un ruban, de l'oncle à bicyclette ? des timbres sous enveloppe plastique, vestiges d'un passé philatélique. Le Congo, l'Uruguay, le Soudan, des bêtes étranges, des reines de profil. Des flacons dont on ignore ce qu'ils ont bien pu contenir et qu'il vaut mieux ne pas toucher. Les confitures alignées dans le débarras. Affluent de l'Amazone, en cinq lettres. Personne ne sait. De temps à autre la pluie cesse, des passants secouent leur parapluie. Le livreur de pizzas descend de sa mobylette, s'avance avec une boîte en carton, on voit son casque, son bras tendu vers la sonnette de l'immeuble. Le fils de la concierge s'approche de l'engin avec un air jaloux. Il a l'habitude de sauter à cloche-pied devant l'entrée. La concierge le gronde parce qu'il fait pipi dans les plantes du hall. Quelquefois, il change de pied et continue à sauter. Les plantes empestent l'ammoniac. Cet amateur de mobylettes louche d'un œil, malgré son verre correcteur gauche. Quand sa mère se fâche, il mâchouille son pouce, et son œil oblique prend un air pensif et adulte. Celui-ci a dû naître en premier et attendre que le reste du visage apparaisse. Il a cherché, entre le sourcil et le nez, jusqu'à trouver sa place. Le fils de la concierge s'appelle Artur, un nom plus vieux que lui, contemporain de son œil. Artur, j'ignore pourquoi, me rappelle les croquignoles de Caldas da Rainha. Dans l'immeuble d'en face la clinique dentaire, le fauteuil dans la pénombre, isolé et majestueux comme une chaise électrique. Le dentiste s'offre tous les ans un 4 × 4 plus gros : il doit bénir les caries. Il a un chien qui partage le goût clandestin d'Artur pour les pots de fleurs, levant la patte comme on lève le petit doigt, tandis que le dentiste s'impatiente, déguisé pour ne pas être reconnu par ses victimes :

— C'est vous qui avez limé ma molaire

et lui clamant son innocence la main sur sa poitrine

— Moi ?

Je crois que je vais aller devant l'entrée pour sauter à cloche-pied. Affluent de l'Amazone en cinq lettres. Je m'efforce de ne pas regarder la solution figurant à l'envers dans un coin de la page, je la masque sous mon bras, je réfléchis, lève mon bras : difficile de déchiffrer les caractères. Des pas d'enfant à l'étage supérieur, un homme qui crie

— Tais-toi

un énorme tabouret tombant dans le silence. L'horoscope me recommande : attention au foie. Je prête attention à mon foie, je m'efforce de l'écouter. Devrais-je lui donner le bras, m'intéresser à sa vie ? Boudeur et têtu, mon foie reste muet. Peut-être n'est-il plus là, peut-être est-il avec le fils de la concierge pâmé devant la mobylette. Ou autour des plantes, dans l'attente. Inutile de m'inquiéter : il a l'habitude de me rejoindre à l'heure des repas. Me voilà devenu un sonnet d'almanach, une feuille séchée dans un album, l'eau putride du soliflore. Qu'est-ce que ça pourrait bien me faire de mourir. N'est-ce pas. N'est-ce pas ?

L'odeur des vagues à l'instant où l'air est plus froid que l'eau

C'est généralement à la troisième minute après le crépuscule que l'air de la plage devient plus froid que celui de l'eau. Ni à la deuxième ni à la quatrième : à la troisième et durant onze secondes, ce qui requiert discernement, attention et patience. Le mieux, c'est de s'adosser à un rocher, le menton dans la main, pour observer les mouettes, noter le changement de teinte de l'horizon et là, dès que survient la troisième minute, on enlève la main du menton pour que l'air s'y pose et le tour est joué : on saisit l'air de la plage, on le glisse dans sa poche et on l'emporte chez soi en prenant bien soin qu'il ne s'évapore. On doit l'utiliser aussitôt vu que le lendemain, à partir de dix heures, l'air se sera réchauffé. On le sort délicatement de sa poche et on le respire doucement. Presque toujours, alors, les pins frémissent et une envie de pleurer monte chez les femmes. Pas des larmes de tristesse, bien sûr : simplement parce qu'il y aura toujours au fond d'elles un coquillage sensible. J'ai connu un seul homme aux mains aussi imprégnées de nuages que les leurs : monsieur José, rude paysan de Trás-os-Montes, qui dans notre jardin faisait croître les fleurs sous ses doigts tendres, ses os veloutés comme du lait, agiles, précis. J'aurais dû avoir le bon sens de mourir avant lui : ses doigts m'auraient fermé les yeux pour toujours. Mais j'ai agi avec étourderie et monsieur José est à présent au cimetière, humble, buriné, rustique, fondu dans la terre. Son sourire édenté, sa bonté, un pauvre qui s'est donné aux autres corps et âme. Que pourrait dire maintenant sa langue pétrifiée ? Il est né à São Martinho de Anta, il m'appelait

— Jeune homme

et il était beaucoup plus noble de cœur que moi, il avait une délicatesse

j'allais dire aristocratique, oui aristocratique

qui me fera toujours défaut : je suis fait de chardons et j'ai laissé se racornir certains mots au fond de moi. Bien sûr, je continue d'écrire, de respirer, il m'arrive même, parfois, de verser une larme. Mais je me cache. Autrefois, je me verrouillais dans la salle de bains pour ne laisser voir à personne mon désarroi. Puis j'ouvrais la porte et ressortais en sifflotant. Quelquefois siffloter me demandait un gros effort. Je me forçais, et j'y arrivais.

— Comment vas-tu ?

J'interrompais mon sifflement :

— Très bien

mais le soir, à l'insu de tous, je sentais une timide rosée de larmes tomber avec la nuit. Ç'aurait pu être des merles ou des pigeons, quelque chose comme ça, je m'obstinais

— Ce sont des merles ou des pigeons, quelque chose comme ça

mais c'étaient des larmes. Les larmes peuvent

aussi faire des nids dans les arbres ou sous les gouttières des toits. Et cependant, chaque regard m'ouvrait comme des doigts : pétale par pétale. Je vous en prie laissez-moi seul pour le moment. Attendez que les grillons s'enflamment. Monsieur José. Quand il ôtait son chapeau, sa tête restait marquée d'un pli. Quelle indignité de ma part d'avoir pu être heureux, de l'être parfois. J'ai passé le mois d'août dernier à écouter une fougère le long d'un mur, en songeant à toi. Puis elle s'est flétrie. Une fougère desséchée, presque empaillée, une rumeur fanée, continuelle. Je me suis remis à siffloter un peu.

Il fait presque nuit à présent. Je suis seul, peu à peu les bruits se transforment. Quel dommage qu'il n'y ait pas d'oliviers dans cette rue. J'en ai découvert un, dans un coin de l'hôpital Miguel Bombarda ; de temps en temps je m'arrête devant, pose ma main sur son tronc, l'olivier m'appelle

— Jeune homme

j'entends très nettement qu'il m'appelle

— Jeune homme

pas monsieur le docteur évidemment, docteur mon œil, je n'ai jamais été docteur pas même quand je l'étais vaguement, il m'appelle

— Jeune homme

et je ne sais que lui répondre. Monsieur José aurait su, lui. Du coup, je fais la sourde oreille, je m'attarde un moment dans les parages, par embarras, par délicatesse, puis je m'en vais. Un jour viendra où je resterai. Toi, que je ne connais pas encore, ou que je me figure ne pas connaître, aide-moi à rester. Je prends peu de place, je ne suis guère bruyant, jamais je ne crie, je ne dérange personne. Emmène-moi avec toi et aide-moi à rester. Ma tendresse est simple, mais pleine de nœuds. Comme tes ongles sont plus longs que les miens, défais-moi tout ça. Tes mains imprégnées de nuages, tes os veloutés comme le lait, agiles, précis. C'est bon de naître à l'instant où l'air est plus froid que l'eau. Je l'ai apporté dans ma poche pour toi. Je suis sûr que la maison de mon enfance existe encore quelque part et que monsieur José au loin

— Jeune homme

trois minutes après le crépuscule, pas deux ni quatre, y fabrique une fleur. S'il te plaît, raconte-moi une histoire où les personnages se marient à la fin.

Salut

Comme chaque matin, tu es là à t'attendre dans le miroir de ta salle de bains. Toi ces cheveux, ce nez, ces poches sous les yeux ? Toi. Tu mets un long moment à te reconnaître dans cet homme qui ne singe même pas tes gestes, qui en fait d'autres. Sa façon de brosser ses dents, sa façon de se raser. Il ne s'est jamais rasé comme il faut, tu ne t'es jamais rasé comme il faut : il reste toujours des îlots de poils rescapés, tu recommences. Vous rincez la lame, vous la reposez, aucun de vous deux ne sourit. À qui souririez-vous ?

Tu voulais grandir vite, eh bien te voilà exaucé. Qu'as-tu perdu, qu'as-tu gagné ? Tu en as vu des choses, tu as grandi plus vite que je ne l'imaginais, car autrefois tout te paraissait si lent : des heures infinies, le jour de ton anniversaire toujours si loin, des lundis perpétuels sur le calendrier. Des mois et des mois de lundis, les années de fac passées à jouer aux échecs. Aujourd'hui tu as déjeuné avec un Russe qui travaille dans l'édition, mais grâce à Dieu, au lieu de livres, vous avez parlé d'échecs pendant tout le repas. Petrossian, Capablanca, Karpov, Fisher,

Alekine, Kasparov. Ouvertures diverses. Parties éclairs. Avantages et inconvénients de la défense indienne du roi. Tu ne partageais pas son admiration pour Karpov, tu préférais les fous géniaux. Depuis quand tu ne t'extasies plus devant une partie de Korchnoi ? Il disait toujours « mon pays », « dans mon pays ». Ma sainte mère Russie. Sa manière si intime, fière et tendre de parler de sa terre : sa sainte mère Russie. Un amour si à vif, si charnel. Lui, il avait une sainte mère, moi, je n'étais qu'un orphelin portugais. J'étais pressé de retourner à l'écriture de mon roman presque achevé, mais je restais là à l'entendre murmurer des noms magiques : Pouchkine, Tchekhov, Gogol. Dostoïevski en Sibérie. Qui lui citer en échange ? Júlio Dinis, Camilo ? Pauvre petit Portugal. Mon pauvre petit Portugal. Et te voilà dans le miroir de la salle de bains où tu te coiffes. La salle de bains de mes parents possédait trois fenêtres et une baignoire sur pieds. Ma mère nous y lavait deux par deux, avec du savon jusqu'au coude. Il y en avait toujours un pour se plaindre qu'un autre ait fait pipi dans l'eau. C'était peut-être vrai : pour ma part ce fut le cas quelquefois.

À présent je suis à Nelas, ou plutôt je suis retourné à Nelas. Mon passé submerge brusquement mon présent, pas un passé éteint, mais vivant : devant nous la maison, une moitié du village a changé, l'autre non, je reconnais tout et ne reconnais rien. Qui suis-je ? Ce fortuit agencement d'éléments qui s'appelle António Lobo Antunes ? Cette somme de particules, de hasards ? Le châtaignier mort devant le garage. Ma maison est habitée

par des personnes que je ne connais pas

et ne m'appartient plus. Je l'épie comme un voleur amoureux, je crois me voir surgir près du puits, en short, mais ce n'est pas moi, c'était l'ombre d'une branche. Chère maison. Sainte maison. Il y a tant d'années que je n'étais venu dans la Beira Alta et pourtant j'ai reconnu aussitôt cette odeur, cette lumière. Si seulement on pouvait me rendre, fût-ce une minute, ce que j'ai perdu. Assieds-toi sur ces marches bordées de vignes. Tu t'en souviens. Quelque part dans ma mémoire la Serra da Estrela se dresse lentement : nette, d'un bout à l'autre de l'horizon. Le soir tout te parlait, tu avais la sensation de faire corps avec la terre. Des scarabées, des voix d'adultes à l'étage, des craintes. Adieu, agencement d'éléments qui s'appelle António Lobo Antunes.

Le vent se lève du bois pour murmurer les plaintes de tes morts. Qu'ai-je voulu de toi, qu'a-t-on voulu de moi ? Dans la maison de Joãozinha les années ont stagné. Toutes ces photos ! Ce lion en faïence, ce tabouret : pas l'ombre d'un regret. Juste ta tendresse enveloppée à la hâte dans une grimace. Tu quittes les lieux, gagnes l'escalier. Tu t'engouffres dans ta voiture. Tu t'en vas. Tout est dur au fond de toi, comme un poing fermé qui tremble. On dit que le cœur est de la taille d'un poing fermé : si je l'ouvrais tant de choses s'en échapperaient ! La bonne de monsieur le curé te salue-t-elle encore depuis son porche ? Il te faut du temps pour retrouver le porche. L'église, le cimetière, tu les retrouves : les mains qui te faisaient signe ont toutes disparu. Profite de ce miroir où tu te rases pour te saluer toi-même et tu verras que la saveur du raisin de monsieur le curé te reviendra à la bouche. Assise sur sa chaise, avec sa canne, Joãozinha sourit : elle jouait au tennis à Urgeiriça en jupe blanche. À son souvenir tu souris à ton tour. Ou plutôt au miroir. Les châtaigniers, du granit. Souris. Le carrefour, la poste, l'arrivée du journal. Souris. La forêt de Buçaco, la station thermale, le goût des mûres, le creux minuscule où le Mondego prend sa source. Souris. Quoi qu'il arrive garde le sourire. Et pour l'amour de Dieu ne rouvre pas ton cœur : comme tu viens de le dire, tant de choses s'en échapperaient.

Menuet d'un monsieur entre deux âges

La vie est une pile d'assiettes qui dégringole. On passe très lentement du salon à la cuisine, avec toute cette vaisselle de jours, de semaines, de mois en équilibre les uns sur les autres, tintant et tremblant, sans compter une douzaine de fourchettes et de couteaux qui glissent du haut de la pile, parmi des restes de nourriture et des restes d'enfance, les arêtes de poisson des mensonges véniels et les feuilles de laitue des dimanches heureux, et là, allez savoir pourquoi, les années penchent, un regret s'échappe, ma mère, toute jeune, me glisse entre les doigts, et après elle mes années de service militaire, le lycée, la femme du pharmacien m'appelant depuis sa fenêtre et moi tout affolé, on avance avec toute cette vaisselle, toujours plus précaire, branlante, oblique

la mort de ma grand-mère par exemple, le dentiste qui s'est trompé de molaire

et au milieu du couloir ou déjà dans la cuisine, avec l'évier en vue, bientôt

croyons-nous

nous serons sauvés, mais les jours, les semaines, les mois glissent les uns après les autres, lentement d'abord, puis rapidement, et pour finir tous à la fois, et on se retrouve avec sa vie en morceaux sur le lino, une seule soucoupe intacte et tout le reste en miettes, la soucoupe intacte c'est quelqu'un que je distingue mal, une personne qui me salue du haut d'un balcon, une balustrade ornée de géraniums, la mer sans doute au loin, la dernière soucoupe intacte c'est moi à bicyclette autour de la maison

mais je ne m'en souviens pas

je ne me reconnais plus dans cette maison, dans ces yeux, dans ces gestes indifférents à moi

j'ai tellement changé

la dernière soucoupe intacte c'est avoir cinquante ans et être au milieu de tant de choses brisées, c'est d'apporter la pelle et le balai pour jeter sa vie à la poubelle, puis de nettoyer le sol avec une serpillière, tandis que quelqu'un derrière moi

— Et maintenant ?

me regarde sans m'aider, sous le fourneau une cuillère à dessert que je ramasse à genoux en tachant mon pantalon, ma main qui se heurte à un os de poulet, ma cravate qui pendouille à mon cou

ou une laisse ?

une mèche de cheveux qui me bouche la vue, la dernière soucoupe intacte c'est toi

— Et maintenant ?

j'en suis sûr, avec tes mains sur les hanches sur le seuil de la porte, tu secoues la tête devant ma vie éparse sur le sol, tu me montres du bout de ta chaussure un éclat que je n'avais pas vu, tu me repousses avec le balai

— Ôte-toi de là

avant de jeter tout mon passé aux ordures, surtout

cet après-midi que j'ai passé seul sur l'esplanade de la plage, attiré par une étrangère qui n'a même pas remarqué mon sourire, l'étrangère a disparu avec moi dans la poubelle, je n'ai pas eu le courage de lui dire que je parlais anglais

ou suédois ?

et de lui tendre un sourire à défaut d'un bouquet de fleurs, un sourire enveloppé de cellophane et noué avec un ruban rouge, en lui disant

— Look miss

elle aurait senti mon sourire comme on hume une corolle, en acceptant que je lui offre une orangeade ou un autre rafraîchissement, comment dit-on orangeade en anglais, comment dit-on orangeade en suédois, nous aurions parlé de la chaleur car il faut bien causer de quelque chose, il fait très chaud miss, vos cheveux sont aussi blonds que le soleil, voulez-vous que je vous mette de l'huile solaire miss, sa peau d'Anglaise si douce

de Suédoise ?

ses yeux aussi bleus que la pierre de la bague de mon oncle, mais plus grands et transparents, non pas tendres, mais étonnés miss, des yeux bleus que ma femme a fourrés dans le sac-poubelle avec le reste de ma vie en morceaux

— Quel maladroit tu fais mon Dieu

des mensonges véniels, des dimanches heureux, la femme du pharmacien qui, en marchant dans la rue, traînait derrière elle mon ébahissement

je frappais les réverbères de coups de règle qui accompagnaient ses pas

quelqu'un qui me salue d'un balcon ou d'une balustrade ornée de géraniums, et voilà que le sac-poubelle est maintenant sur le palier en attendant demain matin, quand je sortirai travailler je le déposerai dans la benne à ordures deux immeubles plus loin, je prends la dernière soucoupe intacte, je la lave, la nettoie, la range dans l'armoire

où la place ne manque pas

et les lignes de ma main sont exactement semblables aux nervures d'une feuille de platane, celle que j'ai glissée entre les pages d'un livre car la ligne d'amour et la ligne de chance occupaient toute ma paume et par conséquent

ça va de soi

j'allais être heureux. Heureux en anglais, heureux en suédois sur une esplanade au bord de la plage

comment dit-on orangeade miss ?

où d'autres que moi transportent une pile d'assiettes vers la cuisine, où c'est leur vie et non la mienne qui dégringole pour se briser par terre. La mienne, je la plie dans ma valise comme on plie un pyjama

attention à ne rien froisser

et je l'enfile de nouveau, avant de me coucher, dans l'espoir de la retrouver, au réveil, là-bas, sur le tapis, avec une trace de votre rouge à lèvres

miss

le long du col.

Sur Dieu

Lorsqu'on demanda à Voltaire quelle était sa relation avec Dieu, il répondit

— Nous nous saluons, mais sans échanger un mot

et je crois que, pour ma part, je ne suis pas loin d'en être au même point, car il y a des choses qui me paraissent fort injustes. J'ai été enfant de chœur et l'église m'effrayait, grande, solennelle, pleine de mystères et de courants d'air, si bien que la religion devenait un lieu venteux d'où l'on ressortait en éternuant. Les bougies sur les autels étaient toujours courbées par des brises contradictoires, les tentures, un peu élimées, ondulaient constamment, les bancs, inconfortables, me faisaient mal au dos. Beaucoup de dames apportaient un coussinet pour leurs genoux et les hommes, en se relevant, secouaient la poussière de leur pantalon, ce qui me portait à croire que Dieu n'était pas si propre ou qu'il avait engagé une femme de ménage incompétente. Ma mère était beaucoup plus efficace dans le choix du personnel, et cette faille divine me confondait. Le fait que Dieu fût un patron négligent m'éloignait de lui. Le sacristain, par exemple, qui époussetait les martyrs sur les autels avec son plumeau paresseux, infectant les plaies de saint Roque qui exigeaient de l'eau oxygénée et non un plumeau, tous les saints portaient des sandales et tous avaient au moins un orteil brisé. Des sandales affreuses de touriste hollandais et des tuniques délavées, révélant que le ciel était un lieu à mi-chemin entre la plage de Cruz Quebrada et un camping populaire, où les bienheureux mangeaient des conserves et semaient partout des épluchures. Le côté banlieusard de Dieu me déplaisait et son portrait, dans mon livre de catéchisme, ajoutait à mon aversion : un homme hirsute, juché sur un nuage et tenant des éclairs dans sa main comme un électricien, auquel nul individu doué de raison n'aurait ouvert la porte en le voyant sur son paillasson. Impossible de l'imaginer dans le salon avec ma famille : les invités auraient fait leur entrée dans une effusion de baisers, avant de découvrir ce vagabond négligé, mon père embarrassé

— Je vous présente Dieu, madame Ângela

dans un élan de courtoisie inespérée le vagabond se serait levé de son nuage, pour tendre une main immense aux ongles douteux, obligeant nos invités à se nettoyer à la dérobée et à passer la soirée en compagnie d'un être bizarre qui au lieu de causer aurait débité des prophéties dans une langue labyrinthique, en se vantant d'avoir mis à mort son propre fils, puis il aurait pris congé

— À demain si je le veux

après nous avoir tous enrhumés avec ses perfides courants d'air, et au lieu d'emprunter le vestibule pour s'en aller, il aurait traversé le plafond en chevauchant son nuage en plâtre, non sans tordre au passage notre lustre. Ma mère aurait servi le thé en s'excusant et en l'excusant

— Le pauvre est si vieux, il a déjà plusieurs milliers d'années

les invités auraient critiqué ses vêtements et son débraillé, en suggérant de proposer au curé une quête pour lui offrir à Noël un costume décent, le curé, bien que soumis aux volontés des croyants nantis, aurait objecté

— Il ne vit que de sauterelles et de miel sauvage, que voulez-vous y faire

et comme celui qui ne vit que de sauterelles et de miel sauvage ne tourne pas rond dans sa tête, on envisagerait sûrement un internement dans un hospice, avec des employées vigoureuses et peu sujettes aux grippes, qui serviraient à Dieu une petite soupe avec beaucoup de choux et un petit morceau de viande

(les choux sont moins chers que la viande et la vraie charité doit prendre en compte ces nuances, car l'argent n'est pas élastique comme le disait ma mère en nous apprenant à distinguer un billet de cinq cents d'une tablette de chewing-gum)

des employées qui, par une bonne douche, le débarrasseraient de la poussière laissée par le plumeau du sacristain, et qui le feraient coucher dans des draps frais, loin de toute bouteille qui lui aurait inspiré de nouvelles envolées prophétiques, le vin provoquant, comme chacun sait, la folie des grandeurs et les discours pompeux. Un Dieu impeccable, en cheviotte, sans chaussettes tombantes, apte à jouer au bridge s'il manque un partenaire, son vilain nuage remplacé par un fauteuil à oreillettes, trouvant les sauterelles nuisibles à la digestion et préférant au miel sauvage une bonne confiture maison. Quelqu'un, en somme, à qui l'on pourrait ouvrir la porte en le découvrant sur son paillasson

— Je vous en prie entrez, Dieu

avant de le présenter aux invités comme un parent décrépit mais digne, au lieu de le reléguer dans la cuisine

— Soyez gentil

pour qu'il y mange avec les domestiques, après avoir posé son faisceau d'éclairs sur ses genoux comme un parapluie auquel manquent des baleines.

Le gros et l'infini

Voilà plus d'une heure que je cherche une idée pour cette chronique : je n'en trouve aucune. J'entends des pas dans le couloir, des voitures dans la ruelle. De temps en temps des voix. J'écris sur un bloc de papier à en-tête et comme je ne sais pas quoi écrire, je colorie au stylo le blanc des « o ». J'ôte mes lunettes. Je les nettoie. Je les remets. Comme sous l'en-tête il y a des numéros de téléphone j'en profite pour colorier également les zéros. Dieu merci, il y en a six avec un tas de zéros. L'idée ne venant toujours pas, je me mets à colorier les cercles, plus petits, des huit. Je pose mon stylo. Je tire mes cheveux en arrière. J'ouvre la fenêtre donnant sur des arbres. Le bruit des voitures augmente dans la ruelle. Un homme âgé, en chapeau blanc, s'arrête pour tâter ses poches. A-t-il oublié sa clef ? Pour la millième fois, je passe ma langue puis le petit doigt sur ma dent cassée. Et tandis que j'écris cela, je continue de la titiller. Une femme dans un immeuble jaune arrose ses fleurs. Demain le dentiste me dira

— Vous pouvez cracher

c'est le seul endroit au monde où l'on nous

demande de cracher. Avec une serviette autour du cou au-dessus d'une cuvette où je lance un filet de salive qui dégoutte de mon menton à ma grande honte. Moi qui à l'école primaire crachais joliment, j'atteignais une sauterelle à deux mètres sous les regards ébahis de tous mes camarades. Aujourd'hui je crache moins loin que le gros, qui était le meilleur élève de la classe, mais en matière de crachat c'était un minus. Pour se venger, il m'affirmait avec suffisance que deux parallèles ne se rencontrent jamais. J'ai toujours pensé que si les parallèles ne se rencontraient pas, c'est parce qu'elles avaient mieux à faire. Le professeur n'était pas de mon avis et m'assurait qu'elles se croisaient à l'infini. L'infini, un huit couché

colorier les cercles du huit couché

trop fatigué pour se tenir debout. En quel point de ce huit avachi les parallèles s'unissaient-elles ? Il y a quelques semaines, j'ai revu le gros dans un restaurant. Il n'a pas changé, sauf qu'il ne porte plus une culotte courte mais une cravate, et qu'il dirige deux entreprises

— Je suis dans les affaires

avec une voix de pape, autoritaire, sa lèvre inférieure pinçant la supérieure. J'allais lui demander s'il avait finalement appris à cracher quand il m'a déclaré

— Content de t'avoir revu

avant de s'installer avec d'autres gros qui semblaient le respecter, sans doute à cause de ses connaissances sur les parallèles. Chacun des gros a posé son portable devant son assiette, prêt à donner la solution à quelque problème de fuseaux horaires que le professeur leur aurait soumis pendant le déjeuner. De temps en temps mon gros lâchait une phrase définitive sur son assemblée de gros déférents. Ma langue et mon petit doigt fouaillaient le creux de ma dent. Si j'avais eu un stylo à portée de main j'aurais colorié tous les « o » sur le menu. Cette façon qu'il a eue de me dire

— Content de t'avoir revu

ce ton qu'il a pris pour me dire avant de s'éloigner

— Ça peut aller

et ce dentiste qui me dit

— Vous pouvez cracher

et moi, une serviette autour du cou, je ne laisse tomber qu'un filet servile, sans le moindre panache. C'est fou comme on perd ses dons avec l'âge. Le gros chargeait sa fourchette, la levait avec une lenteur majestueuse, arrondissait sa bouche dont j'aurais voulu colorier le cercle. Comme je ne pouvais pas

(le cercle de sa bouche ne laissait voir aucune dent cassée)

je lui ai souri. Il a répondu à mon sourire, du haut de sa cravate, sans deviner que je le traitais de gros porc. Il a pris son portable. Je ne saisissais pas ses paroles, mais je suis sûr qu'il parlait de l'infini. Ses gros collègues le fixaient d'un air extasié. Ils mangeaient de la seiche. Comme j'aurais aimé qu'il y eût des arêtes dans les sèches, de celles qu'on n'en finit pas de craindre, en passant la bouchée d'un côté à l'autre de la bouche, les yeux figés. Mais je n'ai pas eu cette chance, malheureusement : les gros avalaient leur seiche d'un air triomphant, tandis que mon petit doigt fouillait une carie avant que je retourne, résigné, à mon plat de morue. Pour en revenir à cette chronique, que vais-je donc écrire aujourd'hui ?

Herrn Antunes

Aujourd'hui, mercredi 25 avril 2001, j'occupe le dernier étage d'un hôtel à Munich. Je n'ai pas une chambre : j'ai une chambre, une salle de bains, un couloir et une cuisine américaine, et chaque fois que je me retrouve dans un hôtel avec une chambre, une salle de bains, un couloir et une cuisine américaine, je repense à la pire année de ma vie, 1976, où j'ai vécu dans un endroit semblable, à Lisbonne, avec ma valise dans la cuisine américaine et des membres de l'ambassade soviétique pour voisins, aux yeux pâles comme ceux des loups, pleins de peur et de mystère. Ils ne parlaient à personne : chacun d'eux occupait son trou, seul un boiteux qui semblait les diriger se promenait dans les étages avec un air de geôlier pour vérifier que les portes étaient verrouillées. Quelquefois je le croisais, assis sur une chaise au bout du couloir : je n'ai jamais compris pourquoi il ne m'a pas tiré dessus. Lorsque je glissais la clef dans ma porte, je sentais les yeux du gaillard dans mon dos.

Cet hôtel est différent : durant le petit déjeuner, les hôtes mangent des œufs durs et donnent l'impression d'avoir été peints par Lucas Cranach, l'Ancien. Les mêmes mains, les mêmes narines, les mêmes bouches aux lèvres minces, des expressions ayant traversé des siècles pour venir livrer bataille aux petits trous bouchés des salières. L'air se couvre de fissures comme la toile d'un vieux tableau que la serveuse n'aurait plus qu'à encadrer. En 1976, je m'approchais de la fenêtre d'où je voyais la rue Luís Bívar, ses arbres, ses voitures alignées, ses poubelles, ses réverbères. Depuis la plinthe, un cafard m'épiait, avec ses antennes vibrantes. Les membres de l'ambassade soviétique devaient passer des nuits agitées par des cauchemars de plus-values. Une fois, je suis sorti sur le palier à l'aube. Le boiteux a sursauté sur sa chaise et j'ai bien cru qu'il allait se mettre à aboyer. Il marchait en allongeant sa jambe gauche par saccades, pilotant une trottinette invisible, et regardait les gens comme s'ils avaient voulu lui voler son jouet.

1976, un printemps difficile, un été difficile. Je n'écrivais pas, je ne lisais pas. Je devais empester la solitude à des kilomètres. Le réceptionniste, sous l'uniforme duquel se cachait un saint François d'Assise, me prêtait le viatique d'un journal sportif, extirpé du fond de son comptoir avec un sourire complice. Dans l'esprit de ce moine laïc, un coup de pied dans un ballon pouvait sans doute dissiper mon angoisse. Il faisait passer une allumette d'un coin de sa bouche à l'autre par un mouvement rapide de la langue. Monsieur Fernandes portait deux alliances au doigt, et une chemise douteuse. La vertu n'est pas incompatible avec le dédain pour les pressings : l'éminence du cardinal Richelieu était grise. Projet de bande-annonce pour un détergent : le cardinal pointant du doigt son éminence, d'une blancheur éclatante :

— Je croyais que mon éminence était grise jusqu'à ce que je la lave avec (ajouter le nom du produit)

1976, un automne difficile. Des images de la guerre me revenaient constamment à l'esprit, peut-être parce que je vivais alors une guerre encore plus terrible. Le prisonnier qu'on attachait au garde-boue du blindé antimines et qui hurlait de terreur. Ernesto Melo Antunes arrivant, désespéré, d'une action commando avec les Sud-Africains :

— On a tout détruit.

En 1976 j'avais tout détruit dans ma vie, avec des mortiers, des bazookas, des grenades offensives et défensives, des G3, du napalm, des exfoliants. Je crois qu'il ne me restait pas un seul ami : une action commando accomplie. Quelque part dans l'obscurité la lueur d'un amour que je fuyais. Pourquoi ? Tandis qu'Ernesto se lamentait, les Sud-Africains se saoulaient. Je les entendais chanter jusqu'à l'aube, en afrikander.

Aujourd'hui, 25 avril 2001, je suis à Munich, et ces blessures ne sont toujours pas refermées, ce qui revient à dire que je n'existe pas. Je découvre ma photo dans le journal que l'hôte de la table voisine feuillette. Nerval écrivait derrière ses photos : Je suis l'autre. Ainsi n'y a-t-il aucun danger qu'on me reconnaisse.

Demain je vais à Vienne recevoir un prix : toute la pompe des solennités, la cérémonie, le déjeuner avec le chancelier. L'autre ira à Vienne. Moi je reste : les personnages de Lucas Cranach ne flânent pas le long du Danube. Ils restent dans les musées, à scruter les visiteurs. Cet œuf dur devrait me durer des années : hors de question de le manger. J'aurais dû apporter une cravate pour faire plaisir à ma mère :

— On va croire que je ne t'ai pas donné une bonne éducation.

Tu m'en as donné une, maman. Le problème est qu'en cravate je ressemble à un jeune marié de province sur une estrade de foire. Et ne t'inquiète pas, je dirai à tout le monde que tu as fait tout ton possible :

— Selon ma mère, j'aurais dû mettre une cravate.

Je te promets d'en informer le chancelier, rassure-toi :

— Selon ma mère j'aurais dû mettre une cravate, vous savez ?

Et je serai poli, sympathique, attentif, au lieu de sourire bêtement. Toutefois, j'ai voulu lui expliquer :

— Nerval était l'autre, maman.

— Nerval n'est pas mon fils.

Que répondre à cela ? De fait, Nerval n'est pas son fils. À bout d'arguments, je n'avais plus qu'à me taire. L'hôte de la table voisine a tourné la page de ma photo. Je prends ma petite cuillère et je tape une première fois sur la coquille de mon œuf : rien. Une deuxième : rien. Un œuf incassable. Mon éternelle bagarre avec les objets inanimés. Une troisième fois, plus fort : l'œuf se dérobe, tombe par terre et les personnages de Lucas Cranach marquent de l'intérêt pour l'évènement. Une dame prudente recule sa chaise de quelques centimètres. Je regarde l'œuf, l'œuf me regarde en me demandant

— Ramasse-moi.

Je ramasse l'œuf, mais voilà que ma serviette glisse de mes genoux. Je la ramasse également, et je reste là avec mon œuf dans une main et ma serviette dans l'autre, comme un matador prêt à exhiber aux yeux du public ses trophées. J'entends la voix de ma mère s'adressant à l'assistance

— Je vous jure que j'ai fait tout mon possible.

Et tu l'as fait, maman. Tout ton possible. Après ce voyage, je viendrai dîner chez toi et j'aurai de bonnes manières à table. J'arriverai en cravate et tout. Tu verras, jamais tu n'auras eu un fils aussi bien mis. Un fils modèle pour le montrer aux invités :

— Ses frères sont tous comme lui.

Le problème est qu'il est un peu tard pour ça. Et le fils modèle se réduit à un garçon de cinquante ans qui cherche dans sa poche des billes qui n'y sont plus. Ou peut-être s'y trouvent-elles encore. Si elles y sont, je creuserai trois trous à coups de talon, et regarde un peu la leçon que je vais donner à ces Allemands. Un jour tu m'as donné une bourse en tissu pour mes billes, tu t'en souviens ? Elle se fermait avec un cordon. Si j'avais ici cette bourse en tissu, j'en sortirais, en même temps que les billes, mon rire. Si je reste silencieux et sans bouger je continue à l'entendre. Vous aussi vous pouvez l'entendre : il suffit que vous colliez votre oreille contre cette page. Rien n'a changé depuis l'école primaire. N'est-ce pas ?

La question n'est pas vraiment là

Elle a dû faire la vaisselle après le déjeuner car le lave-vaisselle est tombé en panne et le dépanneur

— Pas avant lundi, madame, la moitié du personnel est en congé

lui a raccroché au nez, après avoir noté son adresse, en maugréant au sujet des clients qui veulent toujours être dépannés le samedi. Elle a lavé la vaisselle, l'a alignée sur l'égouttoir, a nettoyé avec une éponge la cuvette en aluminium jusqu'à faire disparaître toute trace de mousse, a posé l'éponge à sa place habituelle derrière le robinet, a retiré son tablier orné d'un Snoopy

non pas d'un Snoopy, mais d'un chien couché sur le toit de sa niche et dont elle oubliait toujours le nom

elle l'a accroché au clou pour les torchons, a pressé la pédale de la poubelle contenant un sac plastique de supermarché, a fait un nœud au sac, l'a posé sur le tabouret près de la porte de la cuisine, elle a promené un regard autour d'elle pour s'assurer que tout était en ordre et tout l'était, peut-être que le cendrier en bronze en forme de chaussure était un peu trop sur la gauche, toujours plein d'allumettes brûlées, elle a pris les allumettes

cinq allumettes

et elle les a glissées dans le sac par une petite ouverture où pointaient des épluchures. Elle a de nouveau promené son regard et à présent oui, elle pouvait éteindre la lumière en pressant l'interrupteur d'où jaillissait invariablement une perfide étincelle qui désespérait l'électricien

— Je ne comprends pas ce qui se passe avec ces fils.

Elle a songé à s'asseoir un moment dans le salon mais comme au fond elle n'en avait pas envie, elle a pris à gauche dans le couloir vers la chambre de son fils

des autocollants, des posters de surfeurs, une photo du père tombée à la renverse depuis des années et que ni le fils ni elle ne redressaient. Près de l'ordinateur, une basket oubliée semblait la narguer

— Viens m'enlever d'ici, si tu l'oses.

Elle ne lui a pas répondu, elle a regardé la rue depuis le balcon sans faire attention à la rue, elle est entrée dans la salle de bains où la brosse à dents de son fils n'était pas dans le verre

bien entendu

mais au fond du lavabo avec le dentifrice non rebouché, sans parler du rasoir avec lequel il coupait le seul poil qui lui poussait sur le menton. Sans s'en rendre compte elle s'est retrouvée sur le bord de son lit, devant le miroir, examinant ses mains. Elle aperçoit encore la marque de l'alliance qu'elle a cessé de porter deux mois après son divorce, sur la peau de son doigt un cercle plus clair. Elle cherche une bague, ayant appartenu à sa grand-mère, dans un coffret à bijoux, en souriant au seul mot de bijoux, une bague avec une pierre rouge, une bague de vieille dame

— J'ai quarante et un ans

une sertissure en argent ciselé et noircie par le temps. Elle met la bague et aussitôt la voix de sa grand-mère

— Tu as maigri, Susana

elle retire la bague et la grand-mère, grâce à Dieu, se tait, elle se dit

— Je ne pourrai jamais la porter

elle allume la lampe sur la coiffeuse, avec cet abat-jour à franges qu'au début elle aimait et aujourd'hui pas tant que ça. Elle approche son visage de l'autre visage dans la glace, elle humecte son petit doigt pour lisser ses sourcils, si elle le pouvait, elle lisserait son nez, ses joues, elle se salue

— Salut, Susana

et aussitôt son reflet répond à son salut et à son sourire. Elle examine la peau de son cou, de ses épaules, de sa poitrine, elle se redresse pour gonfler sa poitrine, mais elle voit bien que sa poitrine s'y refuse. Elle sourit de nouveau

— Tu ne veux pas gonfler

mais son sourire semble contraint

pas vraiment contraint, comment dire ?

elle cherche un adjectif pour définir son sourire sans y parvenir

déçu, résigné ?

ni déçu ni résigné, et comme aucun des deux ne convient elle abandonne, elle se lève du lit, le contourne pour rejoindre la table de chevet de son mari, elle ouvre le premier tiroir et tombe sur un agenda vieux de huit ans qui mentionne à la page du 9 avril

Dentiste à cinq heures, réunion à sept, dîner avec Susana chez ses parents.

Dans le second tiroir d'anciens papiers d'assurance de la voiture, la note d'un restaurant à Bicesse

— Pourquoi a-t-il gardé tout ça ?

et le pistolet d'alarme sans détente qui ne servait à rien. Au dos de la note du restaurant de Bicesse, un numéro de téléphone écrit au crayon. Elle compose le numéro de téléphone qui sonne dans le vide une fois, deux fois, trois fois, quatre fois, à la huitième fois une voix dans son oreille

— Oui ?

elle retient sa respiration pour mieux entendre

— Oui ?

la voix une fois encore

— Oui ?

et puis

— Merde

avant de raccrocher, elle reste là à fixer le téléphone, dans son oreille résonnent encore le bruit du téléphone raccroché et la voix intriguée

— Oui ?

et pour éviter d'entendre de nouveau

— Merde

elle prend le pistolet d'alarme, pointe le canon en plastique sur sa tempe, presse la détente inexistante en soupirant

— Poum

et reste là morte tout l'après-midi, jusqu'à ce que son fils rentre.

La chronique que je n'ai pas réussi à écrire

Voilà une demi-heure que je suis assis là à attendre qu'une idée me vienne pour cette chronique, mais toujours rien. De quoi vais-je parler ? J'ai pensé aux joueurs de foot que j'ai admirés dans mon enfance : Grazinha de Olhanense

ou Abraão, le gardien de but

le grand Patalino d'Elvas, Simony du Sporting de Covilhã, Félix la Pantoufle, Jaime Graça, Coluna, Águas, tous de Benfica, bien sûr, Germano, le plus grand défenseur que j'aie connu, Ângelo, mon arrière gauche favori. Ou José Pereira, l'Oiseau bleu. Ou Mario Corso, le Pied gauche de Dieu. Ou les avants du Vasco de Gama des années cinquante, dont les noms sont, évidemment, immortels : Sabará, Maneca, Vává, Pinga et Parodi. Ou les éternelles feintes de Garrincha. Ou Nilton Santos. Ou Schrank, le Taureau de Cologne. Üwe Seeler, l'avant-centre chauve. Ou le fantastique Aníbal, le gardien du Futebol Benfica, dont mon oncle Jaca assurait :

— Après celui des guerres puniques, il n'y en a pas de plus grand.

Personne ne l'égalait pour tracer du bout de la chaussure une ligne perpendiculaire au centre de la cage des buts. Pour le reste il n'était pas si doué, mais cette marque il la faisait d'une manière géniale. Puis, j'ai songé à parler des matchs de hockey de mon enfance qui finissaient toujours à coups de crosse. Il y eut un Portugal-Espagne qui a tourné en bataille d'Aljubarrota. Un des Espagnols, dans les vestiaires, distribuait des coups de bâton, sarclant des têtes avec sa crosse. J'ai renoncé à parler de sport, après avoir nommé la fameuse équipe de Barata, Luís Lopes, Cruzeiro, Lisboa et Perdigão. Perdigão me fascinait parce qu'il se grattait l'entrejambe avant de marquer un point. Tant de liberté manuelle frisait le sublime, mais la main virile de Perdigão épuisa le sujet. Que dire après un geste aussi décisif ?

Ce chapitre clos, je me suis mis à mordiller mon stylo en quête de souvenirs aussi épiques. J'ignore par quelle mystérieuse association me sont revenues à la mémoire mes aventures avec les dentistes, surtout ce soldat qui m'a arraché une dent à vif en Angola. Moi qui ne bois jamais, j'avais cette fois apporté une bouteille de whisky pour la partager avec lui. Pour moi, c'était un anesthésiant, pour lui, un remontant. Après quelques gorgées, je me suis assis sur une chaise en fer, j'ai déclaré

— Allons-y

et j'ai ouvert la bouche. Rien. Il est resté figé avec sa pince dans la main. Je lui ai tendu la bouteille

— Avale donc une bonne rasade.

Le niveau du liquide a baissé jusqu'en dessous de l'étiquette et le soldat, pris d'une fureur qui frôlait le delirium tremens, a enfoncé son genou dans mon ventre et s'est mis à tirer sur ma dent en s'écriant

— Le diable m'emporte si cette dent me résiste, le diable m'emporte si cette dent me résiste.

Je n'avais jamais vu des yeux aussi rouges, il écumait. La dent fut bien arrachée, mais avec elle j'ai senti mon crâne sortir par ma bouche. Tout mon crâne. Je n'exagère pas en affirmant que j'avais un peu mal. Pas un nerf en moi qui ne sonnait l'alarme. Je crois que toute la troupe a assisté à mon égorgement, en faisant des paris sur le nombre de vertèbres dorsales qui suivraient mon crâne. Même si je vivais mille ans, je n'oublierai jamais le bruit de ma molaire brisée.

J'ai trouvé ce sujet par trop douloureux et j'ai mis les dentistes de côté. Vide horrible : et maintenant ? L'enfance ? Non. La littérature ? N'en parlons pas. La politique ? Mieux vaut oublier. Le bruit de ma molaire m'est revenu à l'esprit. Dieu merci, rien qu'un instant. Les gens que j'ai connus ? Il y en a deux ou trois que je dois encore mentionner : monsieur Florentino, buveur homérique, et monsieur Joaquim qui vendait des squelettes aux étudiants en médecine. Il rapportait des cadavres du cimetière des Plaisirs et les mettait à sécher sur le toit à Campo de Santana. Il était petit, trapu, et tirait orgueil de la maladie de Parkinson de son fils. Il me l'a présenté ainsi, avec une légitime fierté :

— Mon garçon, parkinsonien.

Non pas un état ni une infirmité : un titre. Son fils marchait comme un automate, les membres agités de secousses. Ou le sacristain de l'église de Benfica, monsieur José, remarquable par sa manière de présenter les saintes huiles. Il grimpait sur un escabeau pour épousseter les saints en les grondant. Ou l'homme qui vendait des oiseaux et bavardait avec les fenêtres fermées. Ou les ivrognes de la Taverne des Os, au vin querelleur, aux disputes circulaires, accroupis côte à côte sur le bord du trottoir comme des moineaux sur un fil électrique. Non plus. Quoi alors ? Monsieur José me donnait le reste des hosties et l'athlète Perdigão s'assurait que ses parties étaient bien à leur place. Rassuré, il reprenait le jeu. Trois quarts d'heure sans sujet. J'en profite pour me les gratter également. Je me lève, je remonte mon ressort, j'essaie de marcher comme le fils parkinsonien de monsieur Joaquim, en corrigeant mes mouvements dans la glace. En y songeant bien monsieur Joaquim avait raison dans son orgueil paternel : le parkinsonisme m'allait comme un gant. Dépité, je tente de passer à autre chose. Rien ne me vient à l'esprit hormis les armoires dans la maison de mes grands-parents, pleines de vieilles boîtes à chapeaux et de flacons de parfum vides d'où s'échappait un vague arôme de violette. Non plus. Le professeur de gym du lycée Camões qui donnait ses cours en gilet et cravate et remplaçait la gymnastique par ses prouesses de chasse dans la vallée du Guadiana ? Lorsqu'il parlait de son fusil, il se frappait un genou :

— Un danger parfois terrible mes enfants.

Ça ne me dit rien. Dois-je me les gratter encore ? Tâcher de perfectionner mon parkinsonisme ? Imiter le dribble du grand Patalino ? Cinquante-cinq minutes. Mes tantes du Brésil qui jouaient du piano ? Les dimanches passés à manger du flan à la noix de coco ? Ma découverte émerveillée de Cisco

Kid ? Mandrake ? Luís Euripo ? Flash Gordon ? Les sauveteurs de la plage des Pommes plongeant dans les vagues

pour chaque enfant un seul plongeon

les gamins de la colonie de vacances, dont les surveillantes ont suscité en moi les premiers obscurs désirs ? Les guignols qui se bâtonnaient sous une tente ? Les vendeurs de remèdes miracles contre la calvitie dans l'avenue Grão Vasco, après la messe ? Pour l'achat d'un flacon, trois étaient offerts :

— Celui-ci est offert, celui-là est donné et cet autre est un cadeau

sans parler des amulettes bénies par ma tante qui était la guérisseuse d'Arruda. Le mieux serait d'abandonner cette chronique et de mettre le ballon en corner comme Félix la Pantoufle face à une attaque de Jesus Correia. Remettre à demain. À la télévision, un comique autrichien avoue à l'assistance ses échecs sexuels. Il s'est plaint à sa femme qu'elle ne murmurait jamais son nom lorsqu'elle avait un orgasme. Réponse de l'épouse :

— Comment le pourrais-je ! Tu n'es jamais là quand ça arrive.

Ça ne fait pas l'affaire. Écrire des chroniques est un danger mes enfants, parfois terrible. Le prof de gym exécute une roulade, en complet-cravate, sans faire un pli à son pantalon. Mario Corso, le Pied gauche de Dieu, offre le but à l'avant-centre par une passe en diagonale. Après m'être fait arracher ma dent, j'ai perdu de vue le soldat et sa pince pendant une semaine. Quand il m'a croisé au coin d'une baraque, il a levé son coude pour se protéger :

— Tu te sens mieux ?

Il y a des moments où les homicides m'attendrissent. Du moins quand j'ai croisé mon bourreau j'étais ému. Ma langue ne cesse d'explorer le trou dans ma gencive. Je l'observe dans la glace où je parkinsonise sans talent : il est toujours là. Au fond, à demi caché, mais il est toujours là, sauf que ma langue l'a oublié. Au diable cette chronique ; j'arpente la chambre d'un mur à l'autre : sept pas. Je compte trois pas et demi et, du bout de ma chaussure, je trace une ligne perpendiculaire au centre. Puis je fléchis légèrement les genoux et j'ouvre les bras, vigilant : dès qu'on tirera un sujet dans ma direction, je le bloquerai certainement. Je suis le meilleur après celui des guerres puniques.

Recette pour me lire

Chaque fois que quelqu'un me parle d'un de mes livres, je suis déçu. Car ils ne sont pas fait pour être lus au sens habituel de ce mot : l'unique manière

me semble-t-il

d'aborder mes romans est de les attraper comme une maladie. On disait de Björn Borg, en le comparant à d'autres tennismen, que ces derniers jouaient au tennis alors que lui jouait à autre chose. Ce que j'appelle par commodité romans, et que j'aurais très bien pu nommer poèmes, visions, ou tout ce que l'on voudra, ne sont compris que si on les prend pour autre chose. Le lecteur doit renoncer à sa propre clef

celle qui lui permet d'entrer dans la vie, la sienne et celle des autres

pour utiliser celle que le texte lui tend. Lire autrement serait absurde, car les mots ne sont que les signes de nos émotions, et les personnages, les situations et les intrigues, des prétextes apparents pour atteindre l'envers caché de l'âme. La véritable aventure que je poursuis est celle que le narrateur et le lecteur partagent dans les tréfonds de l'inconscient, siège de l'âme humaine. Celui qui ne comprend pas cela ne pourra saisir que les aspects mineurs de mes livres : le pays, les relations homme-femme, le problème de l'identité et sa quête, l'Afrique et la barbarie du régime colonial, etc., des thèmes sans doute très importants d'un point de vue politique, social, ou anthropologique, mais qui n'ont rien à voir avec mon travail. Les leçons que la vie nous dispense, nous les apprenons généralement trop tard. C'est pourquoi mes œuvres n'ont jamais un sens exclusif ni de conclusion définitive : elles ne sont que les symboles incarnés de nos chimères, de nos raisonnements inachevés. Il faut succomber à l'apparente négligence, aux points de suspension, aux longues ellipses, à la griserie du va-et-vient des vagues qui, lentement, vous emporteront dans les ténèbres meurtrières, naufrage nécessaire à la renaissance et au renouvellement de notre âme. Il faut qu'à chaque page chancellent nos valeurs les plus ancrées, que notre cohésion illusoire perde graduellement le sens qu'elle n'a pas mais que nous lui prêtons, pour que de ce choc surgisse une nouvelle unité, il se peut que le lecteur en souffre, c'est même inévitable. J'aimerais que mes romans, dans les librairies, ne soient pas disposés près des autres, mais à l'écart et dans une boîte hermétique, pour ne pas contaminer les histoires des autres ou les lecteurs non avertis : on y perd toujours à échanger une illusion contre une vérité. Parcourez mes pages comme si vous étiez dans un rêve car c'est dans ce rêve, dans ce jeu d'ombres et de lumières, que vous saisirez l'essence du roman, avec une intensité qui vous révélera le fond irrationnel de votre pré-histoire. Puis, le voyage achevé

et le livre refermé

vous entrerez en convalescence. J'exige que la voix du lecteur se mêle à celles du roman

du poème, de la vision, ou de tout autre nom que vous lui donnerez

pour qu'il trouve son équilibre parmi les démons et les anges de la terre. Une autre façon d'aborder mes textes est de se contenter

tout bêtement

de les lire, et non d'en faire une initiation au désert où le voyageur voit sa chair se consumer dans la solitude et la joie. Ce qui est aisé si vous considérez l'œuvre comme cette maladie dont j'ai parlé plus haut : des étés qui vous reviennent malgré le poids de vos dépouilles. Certains

presque tous

des malentendus au sujet de ce que je produis viennent du fait qu'on aborde mes livres de la même façon qu'on nous enseigne à aborder le roman. Et le lecteur étonné découvre qu'il ne s'agit pas d'un roman, mais seulement de larges cercles circonstanciels qui rétrécissent et qui apparemment l'étouffent. Mais s'ils nous étouffent, c'est pour nous permettre de mieux respirer. Quittez vos habits d'hommes civilisés, aux poches pleines de restrictions, et laissez parler votre corps. Notez comme les personnages qui peuplent mes romans sont sans relief et peu décrits : c'est qu'il s'agit de vous. Voici quelque temps, j'ai affirmé que le livre idéal serait celui dont chaque page est un miroir : le mien et celui du lecteur, jusqu'à ne plus savoir lequel des deux est l'autre. Je voudrais que chacun se sente double pour ressortir de ces miroirs avec le sentiment d'avoir quitté celui qu'il était. C'est l'unique salut possible et, bien que j'en connaisse d'autres, c'est le seul qui m'intéresse. Le moment est venu d'être clair à propos de ce que je pense de l'art d'écrire un roman, moi qui en général réponds aux questions des journalistes avec une frivole légèreté, tant elles me semblent superflues : quand on connaît les réponses, toutes les questions deviennent insignifiantes. Et, s'il vous plaît, oubliez votre faculté de juger : dès que l'on comprend, on ne juge plus, et l'on reste ébahi devant l'éclatante simplicité des choses. Car mes romans sont beaucoup plus simples qu'il n'y paraît : une expérience anthropophage par le biais d'une faim minutieusement entretenue, une lutte contre les récits anecdotiques et leurs visées pratiques, à quoi se réduisent en général les romans. Le problème est que l'essentiel leur fait défaut : l'intense dignité d'un être entier. Faulkner, que je n'apprécie plus autant qu'avant, disait avoir découvert qu'écrire était une très belle chose : cela permet aux hommes de marcher sur leurs pattes postérieures et de projeter une ombre immense. Je vous demande de la trouver, de comprendre qu'elle vous appartient, et non seulement de comprendre qu'elle vous appartient, mais aussi qu'elle peut, dans le meilleur des cas, donner un sens à votre vie.

Ces choses-là ne sont plus de mon âge

Au-dessus de ma tête, les pigeons arpentent la lucarne. Leurs pattes nettes sur le carreau sale, l'ombre de leur corps rappellent des messieurs dodus qui font les cent pas sur un quai de gare, en attendant l'arrivée d'un ami. Il y a un mois encore je passais tous les après-midi assis sur le muret où le bus s'arrête chaque soir pour ramener des gens à Lisbonne. À trois mètres de là, un kiosque où rôdait une chienne au flanc écorché : parfois elle s'approchait de moi en glapissant. Ici, loin du kiosque, seuls les pigeons s'en vont à l'approche de la nuit. Cette chienne et ce kiosque existent-ils encore aujourd'hui ? Quand j'étais enfant, on me disait :

— Fais attention à la septième vague. La septième vague est différente des autres.

Je n'ai jamais saisi ce qu'était la septième vague, ni en quoi elle différait des autres. Je revois les ombres que les nuages dessinaient sur l'eau. À moins que ce ne fussent des bancs d'algues. Je me souviens du maître nageur avec sa main en visière qui prolongeait sa casquette blanche. Des voix. À présent me voici sourd de l'oreille gauche, le côté du cœur. Plus un seul pigeon n'arpente la lucarne. Sur une chaise là-bas, une poupée sans nez. Si je n'allume pas cette lampe, je ne verrai plus rien. Je ne vois déjà presque plus ce que j'écris. Bonsoir, poupée aux cheveux orange, aux yeux ronds et noirs. Adieu. Les choses me paraissent si paisibles, dociles, malléables. Sur une banquette en osier, deux coussins et mon blouson jeté par-dessus. Un petit pupitre d'écolier, une tulipe en plastique : un air d'adieu flotte autour de tout ça. Et dire qu'il y aura d'autres jours sans moi, d'autres matins. Des pigeons, des kiosques, des vagues. Je laisserai quelques livres dans un coin, quelques souvenirs, quelque chose qui s'échappe des photos quand elles s'effacent comme celles des gens que j'ai aimés. Des traits qui n'existent plus. Des sourires. Des habits démodés. Qui avez-vous été ? Nous nous sommes à peine connus, j'en suis navré. Une envie de demander

— Attendez-moi

mais non, ils n'attendent pas : ils s'effacent, ils n'en finissent pas de s'effacer. Des échos de rire traversent la vieille maison. Je voudrais avoir une barbe, changer de voix. Je rêve aux manguiers d'Afrique : je m'allonge et les voici, énormes, dans le brouillard de la mousson. Puis ils disparaissent. Les hautes herbes brûlent. Ma fille en Angola qui commence à marcher : d'un mur à l'autre, lentement. Ça me rend si heureux. Ne t'arrête pas. Je t'en prie, ne t'arrête pas. Depuis le muret devant l'arrêt de bus, je continue à te regarder marcher. Des dizaines de chauves-souris voltigent dans les manguiers. Et toi les bras tendus tu marches vers le fourrier.

À une fenêtre de l'immeuble abritant un café au

rez-de-chaussée, je vois une chemise à sécher qui me tend ses manches. Bien qu'elles paraissent vides, elles ne le sont pas : il y a quelqu'un dedans qui m'appelle, il doit y avoir quelqu'un dedans qui m'appelle ; les chemises désertées, elles, n'appellent jamais personne. Peut-être est-ce ma fille. Peut-être est-ce toi. Non : c'est ma tante, je distingue parfaitement

— António

je distingue parfaitement ses gestes. La poupée aux cheveux orange sourit. Dites une fois encore mon prénom, je vous en prie. C'est si bon de vous entendre m'appeler par mon prénom. Vous m'avez toujours fait sentir que mon prénom

— António

était bien le mien. Parfois un nain venait s'asseoir près de moi sur le muret. Il boitait et portait une canne. Il arrivait, lentement, en poussant de son genou sa jambe morte. Il restait là à respirer bruyamment, comptant les pièces dans sa poche, mêlées à un canif en ivoire, des papiers froissés, des clefs. Sur le balcon d'une pension, une femme en bigoudis étend une serviette au soleil. Son nez brille de crème. Si elle était ici à cet instant, elle illuminerait l'obscurité, la poupée, moi. Son mari surgit derrière elle et lui applique une tape sur les fesses. Des câlineries. Il existe encore des maris comme il faut. L'ingrate aux bigoudis n'apprécie pas la main aux fesses, lâche sa serviette, s'indigne. Une personne avec de la crème sur le nez est difficilement prise au sérieux. Je remarque

Dieu me pardonne

qu'elle a d'assez jolies fesses. Le nain, qui était

petit mais galant, sifflerait d'admiration. Les nains ne sont-ils pas tous des chauds lapins ?

J'ai envie de prendre la poupée dans mes bras, mais je n'ai plus l'âge pour ces choses-là. Il est huit heures et la lucarne est plus claire que le salon. J'écris pratiquement à l'aveuglette, enchevêtrant les lignes sur le papier. Je n'existe presque plus. Seuls existent les cheveux orange, la tulipe en plastique, des objets qui se tapissent dans le silence. La brise nocturne tend les manches de la chemise vers moi. La chienne au flanc écorché trotte le long de la plage. Les volets du kiosque, fermés. Le mari de la femme aux bigoudis, froissé qu'elle n'apprécie pas son humour, gesticule sous mes yeux. Le fourrier promène ma fille dans ses bras. Et je me sens si angoissé que j'accepterais volontiers, malgré ma timidité, l'étreinte de la chemise. Après tout, j'ai peut-être encore l'âge pour ces choses-là.

Je vous attends au retour

Dans la rue Cláudio Nunes, que les cortèges funèbres empruntaient pour rejoindre le cimetière, il y avait une taverne appelée Je vous attends au retour. Et en effet, après les prières, les fleurs, les pleurs, et bien sûr l'inhumation, les hommes de la famille envahissaient la gargote où, une heure après, régnait un brouhaha titubant d'ivrognes, de ricanements, de chansons beuglées en chœur, le tout ponctué de paires de claques. Enfant, je m'ébahissais devant cette métamorphose de pleureurs respectables en joyeux drilles au col déboutonné et à la cravate fourrée dans la poche qui hurlaient des vive Benfica un verre à la main. Leurs femmes, en grand deuil, venaient les ramasser à la tombée du soir, indignées par cette beuverie irrespectueuse envers le défunt, pour reconduire leurs gaietés et leurs embardées jusqu'à la tranquillité du foyer, où l'on continuait à entendre leurs soupirs d'aise amortis par le sommeil, jusqu'au ronflement final des organes repus. Les épouses finirent par s'en plaindre auprès de monsieur le curé, monsieur le curé fit jouer ses relations à la mairie, le maire, qui presque tous les après-midi s'envoyait des petits verres au Je vous attends au retour, fit comprendre au patron que les âmes du purgatoire, qui sur la gravure de l'église brûlaient dans les flammes, risquaient tôt ou tard d'attirer sur lui les foudres des morts, le patron, dont la chemise tachée dissimulait un cœur sensible aux brûlures du deuxième degré, saisit les scrupules du curé, décrocha l'enseigne sacrilège, passa une semaine à cogiter à grand renfort de vin vert pour se délier les méninges, enfin il retourna l'enseigne, inscrivit un nom décent et la replaça au-dessus de la porte. Le curé s'en réjouit, le maire loua sa finesse de sentiment, les épouses sentirent qu'elles avaient gagné la partie, toute la rue Cláudio Nunes applaudit. Le Je vous attends au retour devint Le Traditionnel Retour. Comme je l'ai écrit au début j'étais enfant et, par conséquent, peu réceptif aux subtilités de l'esprit. Dans ma bêtise, je ne voyais aucune différence entre Je vous attends au retour et Le Traditionnel Retour. Mais j'étais bien le seul puisque Le Traditionnel Retour doit exister encore aujourd'hui, avec l'assentiment de tous, provoquant chaque jour des dizaines de delirium tremens, une fois achevée la tâche des croque-morts. J'étais enfant, je ne connaissais pas encore la réponse que donnait W. C. Fields à la question : Pourquoi ne buvez-vous pas d'eau ?

— Je ne bois pas d'eau parce que les poissons y copulent

en outre, dans le quartier où je vivais, Travessa dos Arneiros, Travessa do Vintém das Escolas, Rua Ernesto da Silva, Calçada do Tojal, je côtoyais une extraordinaire légion d'ivrognes homériques : monsieur Florindo, cordonnier, monsieur Florentino, docker, l'oncle João Paço de Arcos, fonctionnaire à la retraite, monsieur Carlos, marchand d'oiseaux, je les croisais assis en rang d'oignons sur le trottoir, plongés dans une discussion interminable qu'ils interrompaient pour me saluer

— Bonsoir mon petit Antoninho

une phrase qu'ils mettaient un bon quart d'heure à articuler, à grand renfort de salive

(après le cinquième verre, la salive se colle aux gencives et les soude)

et de concentration mentale dans l'espoir de ne pas me confondre avec le petit Joãozinho, le petit Pedrinho et le petit Miguelzinho

(le petit Nuninho et le petit Manuelzinho n'étaient pas encore nés à cette époque)

confusion d'autant plus fréquente qu'il naissait constamment des bébés dans notre grande maison couleur brique, ce qui embrouillait les calculs, pénibles déjà en soi, de monsieur Florentino et compagnie. Parfois je me demande pourquoi je ne me suis jamais mis à boire, vu tous ces nombreux et illustres modèles. Et parfois je suis triste de ne pas boire. Car j'aimerais m'asseoir sur le bord du trottoir, après un bel enterrement, pour pousser mes vive Benfica et, surtout, pour saluer

— Bonsoir mon petit Antoninho

le fils aîné du docteur, revenant de l'école, pâmé devant moi avec un air extasié qu'il ne m'a jamais témoigné jusqu'à ce jour. Le petit Antoninho à qui la littérature, à part Sandokan, inspirait un ennui mortel, et dont l'objectif dans la vie était de devenir grand très vite, afin de porter une bague ornée d'une pierre noire sans personne pour le lui interdire, de ne pas avoir à manger de la soupe et de charmer la fille inaccessible de l'horloger avec un vrai pantalon. Si j'avais commencé à porter des pantalons plus tôt je vivrais aujourd'hui heureux parmi une constellation de coucous et de réveils en laiton, au lieu de ces livres poussiéreux qui nuisent aux poumons et ne donnent pas l'heure. Et si j'avais besoin d'un pacemaker, le médecin pourrait me glisser dans la poitrine la casserole pendue à la cuisine, dont la grande aiguille est un couteau et la petite une fourchette. Si on ajoute à cela un nain de Blanche-Neige juché sur le frigo, que souhaiter d'autre à un homme pour son bonheur ?

Cela

Je crois être devenu écrivain parce que mon père, quand j'étais enfant, soignait mes grippes avec des sonnets en guise d'aspirine : tout en fumant la pipe, ses lèvres crachaient des bouffées mêlées à des tercets dont l'effet médicinal, ajouté à celui des purées de maïs préparées par ma mère, me plongeait peu à peu dans une sorte de coma rimé, duquel je ne suis jamais vraiment sorti vu que je réponds aux agents de la circulation en alexandrins comptés avec mes doigts sur le capot de ma voiture. Je suppose que sommeille en ces contractuels un critique littéraire puisqu'ils s'empressent d'écrire leur article en tirant la langue, en ruisselant de sueur, avec cette calligraphie d'écolier propre aux académiciens. Ces sévères censeurs se déplacent généralement en couple comme les oies sauvages, les chanoines ou les frères siamois : il y a l'intraitable qui prononce la sentence d'une voix d'enfant avinée, et son collègue préposé aux relations publiques qui, moins aigre, vous explique avec une amabilité de mauvais augure truffée de diminutifs de boutiquier que votre petite amende doit être payée avec des petits timbres fiscaux au poste Santa Marta, un étage décrépi empestant bizarrement la friture, où des dizaines d'agents assis derrière des pupitres d'écolier tapent sur des machines à écrire avec un doigt hésitant, craignant sans doute les coups de férule d'un maître d'école invisible. Sans leur képi, ils me paraissent toujours nus. Comme l'alphabet leur échappe et que leur désarroi m'émeut, je les aide à corriger leur grammaire vu qu'entre le sujet qu'ils négligent et le complément direct qu'ils ignorent, ils ne disposent d'aucun prédicat pour les sauver. Ils appartiennent à cette catégorie d'où sont issus les secrétaires d'État, via la lente évolution de l'espèce qui conduit ces larves dyslexiques au stade d'insecte-député accompli : la médiocrité en eux cesse de bégayer pour se faire véhémente, sans pour autant combler l'atavique absence de prédicat. Le fait que Dieu ait créé l'homme à son image et à sa ressemblance me porte souvent au doute : la perspective d'être reçu à l'entrée du ciel par un garde républicain, un intellectuel ou un ministre m'oblige à déconsidérer la religion en attribuant au Grand Architecte des solutions de fortune et un sens de l'humour que mes tantes, adeptes de la sérénité et de l'ordre

(faute de soupirant, on recourt à ce genre de palliatif)

imaginent être l'apanage du diable. Je crois que pour elles il n'existait aucune différence entre Salazar et le Seigneur : tout deux étaient conservateurs, austères, ennemis de la joie et invisibles, tous deux étaient nés pauvres, l'un à Santa Comba Dão et l'autre sur la paille d'une crèche, si bien que ma famille pouvait les regarder un peu de haut, comme ces servantes qui se mariaient pour passer du ticket de bus à la Mercedes diesel, et qui jouissaient alors du privilège de rester dans le salon où nous leur accordions généreusement un semblant d'égalité. Au fond, Salazar et Dieu étaient des parvenus que les circonstances, bien plus que le mérite, avaient rendus illustres, et auxquels on attribuait des fonctions de gouverneur disciplinaire pour réprimer les pulsions infâmes, les écarts de langage, les abus de confitures, les excès de richesses et de fornications. Salazar et Dieu, unis pour servir mes tantes avec l'indéfectible loyauté des vieilles servantes, pouvaient ainsi oublier quelque temps leur activité fiscale harassante, que les sermons du curé ou bien la Pide, composée alors de militaires, se chargeaient de maintenir avec une ferveur zélée. À présent excusez-moi : je ne peux pas terminer cette chronique ni la corriger, car ma fille Joana vient de m'appeler pour me dire que sa mère est morte.

Siffler dans le noir

Lorsque les vicissitudes m'obligent à réfléchir sur moi-même, je découvre un homme aussi gauche avec ses sentiments que d'autres le sont avec leurs mains. Je suis incapable de visser le moindre boulon de tendresse sans que la clef ne m'échappe et un simple coup de marteau me blesse aussitôt. La psychologie étant l'art de s'adapter, je devrais donc porter des lunettes.

Lorsque mes parents m'ont dit imprudemment, il y a bien des années

— Cesse tes divagations

ils m'ont révélé, à leur insu, la seule région où je me sente à l'aise. Totalement dépourvu de sens pratique, comme l'affirment les gens dépourvus d'imagination pour se consoler, j'ai sauté à pieds joints dans le tiroir aux rêves d'où je ne sortirai que pour rejoindre celui des morts, et je suis sûr que je ne sentirai pas la différence. D'une manière générale, il y a deux manières d'exister : ou nous prenons la place des autres ou nous la leur volons. Comme aucune d'elles ne m'intéresse vraiment, je n'envie personne, et mes amis prennent pour de la vertu

— António n'envie personne

ce qui n'est que le sentiment d'un étranger incapable de comprendre le dialecte local. Lorsqu'on demanda à Marcel Aymé

— Qu'est-ce qui vous a le plus surpris à New York ?

l'écrivain répondit

— De m'y trouver

voilà sans doute la réponse que je donnerai à saint Pierre le jour où il me recevra parmi des plumes d'ange qui, je l'espère, me serviront d'édredon idéal.

— Cesse tes divagations

il ne s'agissait pas d'un ordre dicté par l'inquiétude, mais d'une suggestion vitale, que vint un jour confirmer un adjectif décisif, transformant ce

— Cesse tes divagations

en

— Cesse tes divagations lyriques

ce qui me fit pressentir, encore en culottes courtes, la part manquante de mon destin. Et je me mis aussitôt à écrire, ou plutôt à jouer du piano dans les nuages, sautant de livre en livre comme les endimanchés de pierre en pierre pour ne pas salir leur beau pantalon. J'ai passé mes études de médecine à jouer aux échecs, préférant aux défenses de l'organisme celles du roi. Les professeurs, prenant mon ignorance pour une forme de discrétion, m'ont remis un précieux diplôme que j'ai vite égaré, n'ayant jamais été dupe de leur générosité : un diagnostic m'a toujours semblé être un délit d'opinion. À la question angoissée

— Que veux-tu faire dans la vie ?

je répondais invariablement

— Siffler dans le noir

ce qui m'a sauvé de la politique, de la critique littéraire et des ambitions du pouvoir, car j'ai toujours préféré aux requins avides les séraphins déboussolés, et aux forces de la nature les petites faiblesses où le plaisir se cache. Je suppose que l'inquiétude naît de l'écart entre la réalité et les projets rêvés : celle-ci m'a protégé des tentations de gloire mondaine des intellectuels, à savoir le privilège d'être admis sans invitation dans un salon où l'on n'est pas désiré. En général, je reste un moment sur le seuil avant de m'en aller, écœuré par le spectacle : la vieillesse des morts-nés me déprime. Quand on m'a conseillé

— Cesse tes divagations

on m'a surtout donné le courage de dire la vérité. Écrire, c'est faire pleurer sans tendre un mouchoir. Lorsqu'on me fait remarquer

— Il n'y a pas d'amour heureux dans vos romans

je suis toujours surpris : le seul fait de la publier atteste que l'histoire d'amour se termine bien, en ce sens que nous avons pu vivre, les personnages et moi, une relation harmonieuse qui se prolonge, à travers les lecteurs, au fils des années. Contrairement à ce que l'on croit, les lecteurs ne sont pas des amis mais des compagnons, comme pour Ulysse et le général de Gaulle qui revendiquaient, de manière différente, le même privilège : celui de faire ensemble un long voyage, bien qu'on puisse résumer l'*Odyssée* par cette phrase

— J'ai ma femme qui m'attend

ce qui prouve que toute épopée a une dimension domestique et que la Résistance avait un attrait clandestin d'escapade entre hommes. Lorsqu'un auteur lui apportait un texte, un projet de pièce, une partition, une chorégraphie, Diaghilev calait son monocle dans son orbite, et demandait

— Étonnez-moi.

Les éditeurs devraient être tout aussi exigeants, mais l'époque des caravelles nous a tellement usés que nous préférons choisir le plat auquel nous sommes habitués plutôt que de consulter le menu, et cela explique pourquoi le médiocre émerveille tant les académiciens qui ont réduit le Portugal à une paroisse de province où les horloges se sont figées dans un temps qui n'existe plus. Aussi, lorsque je me rappelle la suggestion

— Cesse tes divagations lyriques

j'ai envie de faire de chaque page un bateau en papier pour le laisser voguer le long des caniveaux dans l'espoir qu'une autre main l'aborde comme une sorte d'Inde où j'aurais échoué par hasard, accompagné par l'écho d'un sifflement dans le noir et le froncement de sourcils d'une mère. La mienne, Dieu merci, a toujours visé un peu plus haut que la ligne d'horizon, et elle n'imagine pas combien je lui suis reconnaissant d'avoir considéré ses enfants davantage comme une exigence morale plutôt qu'une raison d'être.

Ce soir je n'y suis pour personne

Enfant, elle avait l'habitude de jouer dans le cimetière à Abrigada, où elle prenait les caveaux pour des petites maisons de poupées. Peut-être était-ce le cas : ils abritaient des étagères garnies de napperons, des fleurs en papier dans des vases en verre bleu, des rideaux brodés aux lucarnes. Sur les tombes, elle pouvait tracer des cases à la craie, les numéroter, lancer un caillou et sauter dessus à cloche-pied. Le vent apportait de la montagne le parfum des mimosas tandis qu'elle sautait de case en case jusqu'au ciel. Le soir sa grand-mère lui racontait des histoires sur son père, pilote lamaneur aux Açores, pendant que son grand-père faisait des mots croisés parmi les meubles sombres. Un jour elle fut réveillée par un hibou qui battait des ailes contre la fenêtre de sa chambre. Ou une chouette.

— Je ne savais pas quelle heure il était à cette époque-là

m'a-t-elle dit la veille de sa mort, en regardant d'un air hagard ses propres mains. À peine respirait-elle, adossée à une pile d'oreillers, et parfois elle semblait si loin qu'on ne la voyait plus. Elle ne se nourrissait déjà plus : elle se contentait d'avaler un liquide quelconque contenu dans une boîte en carton, sortait une cigarette d'un paquet et l'oubliait. Deux chats s'enroulaient l'un dans l'autre au pied du lit.

— Je ne savais pas quelle heure il était à cette époque-là et je ne sais pas non plus quelle heure il est à présent

car elle n'arrivait plus à tourner la tête vers le réveil posé sur sa table de chevet. Ses cheveux, autrefois noirs et éclatants, rappelaient des mèches de poupée. Elle s'est éloignée de nouveau durant un instant avant de revenir péniblement.

— Quelle heure est-il à présent ?

On accrochait le tube d'oxygène à son nez avec une sorte d'élastique, tandis que sa stupeur envahissait la chambre. Parfois elle prenait son petit miroir pour maquiller ses paupières, ses lèvres. Elle ne semblait pas triste. Juste lointaine, plongée dans une indifférence somnolente. De temps en temps elle souriait.

— À quoi penses-tu ?

— Je ne sais pas. Quelle heure est-il à présent ?

Le réveil en plastique indiquait cinq heures moins vingt.

— Cinq heures moins vingt.

Ses mains se sont approchées des journaux auxquels elle était abonnée, avant d'y renoncer.

— Voilà une heure bien incertaine

a-t-elle dit. Jamais je n'oublierai cette phrase :

— Voilà une heure bien incertaine.

Une dizaine de boîtes de médicaments s'entassaient sur la commode, morphine, calmants, sirops, anticoagulants, un pulvérisateur l'aidait à respirer, un couple de Christs aveugles, sans bras ni jambes, des colliers pendus à une volute en bois, un cintre vide au coin du paravent, des vêtements épars sur son fauteuil à bascule. Son sourire.

— À quoi penses-tu ?

— Je ne sais pas

et ses doigts en quête de rien sur le drap. Toutes les lampes allumées bien qu'il fît jour. Soudain elle s'est redressée. Quand je me suis levé pour m'approcher, elle a déclaré

— N'aie pas peur

avant de retomber sur son oreiller. Elle a mis longtemps à revenir, en vérifiant les boutons de son col. Le liseré de fleurs sur sa chemise, son genou squelettique pointant sous la couverture. Elle ne semblait pas triste.

— Qui pourrait vouloir de moi à présent ?

Elle observait une statuette africaine, une femme fumant la pipe avec des enfants blottis dans son ventre. La pipe tombait toute seule de la bouche de la statuette, roulait sur des papiers qui traînaient, s'immobilisait sur le flanc.

— Elle veut sûrement retourner à São Tomé, tu ne crois pas ?

Je l'ai cru aussi. Elle aimerait sûrement retourner à São Tomé, revoir les requins étendus sur la plage, le massacre de Gorgulho. Sur les journaux qu'elle ne lisait plus, une paire de lunettes à la monture bleue, et une autre à la monture verte. Pas de hibou ni de chouette. Sur un balcon d'Olaias, un pigeon dodu arpentait la rampe dans une lenteur pontificale. Avec cette façon de marcher, pleine de tics, commune aux oiseaux. Elle essayait de se rendre seule à la salle de bains, mais on la retrouvait étendue sur le carreau, exténuée, incapable de bouger :

— N'ayez pas peur.

Ce dimanche-là le corbillard a roulé à cent trente à l'heure entre Lisbonne et Alenquer, dépassant toutes les voitures qui se trouvaient sur son chemin. À partir d'Alenquer une route secondaire, des usines, des pavillons d'immigrés, tout ce que les citadins appellent la tranquillité de la campagne. À son arrivée dans le village, tout se passa plus lentement car les habitants d'Abrigada suivaient son cercueil à pied. Je me suis adossé à un arbre au grand feuillage derrière l'église. Le curé a exhorté l'assistance à faire le bien et a rappelé que la maison de Dieu est partout. Je ne me souviens pas du reste du sermon. Ensuite nous avons suivi à pied le corbillard. Je me faisais l'effet d'un automate. Le soleil éblouissait. Je ne comprenais rien et je me suis rappelé les paroles de Jésus dans l'Évangile selon saint Jean : « Vous ne comprenez pas ce que je dis parce que vous ne comprenez pas ce que je pense. » Le curé nous a salués avant de repartir avec sa croix suivi du sacristain avec son bénitier. La maison de mon Père est partout. Il était près de cinq heures moins vingt, la fameuse heure incertaine. À propos de maison, aucun enfant ne jouait dans le cimetière en prenant les caveaux pour des niches de poupées. Ils étaient là avec leurs étagères, leurs fleurs en papier, leurs rideaux brodés. Pas un non plus qui sautait à cloche-pied sur une tombe. Mais le vent apportait de la montagne le parfum des mimosas, et aujourd'hui encore, après bien des années, je continue à le sentir dans Lisbonne.

Dieu comme amateur de jazz

J'ai grandi avec une immense photo de Charlie Parker dans ma chambre. Je crois que pour un gamin dont l'unique ambition était de devenir écrivain, Charlie Parker était le compagnon idéal. Ce pauvre, sublime, misérable et génial drogué qui a passé sa vie à se tuer pour mourir de jeunesse comme les autres meurent de vieillesse continue à incarner pour moi cette phrase de l'*Art poétique* d'Horace qui résume ce que doit être n'importe quel livre, peinture, symphonie ou autre : un beau désordre précédé d'une fureur poétique

dit-il

est le fondement de l'ode. Chaque fois que l'on me parle de mots et d'influences je souris intérieurement : ceux qui m'ont vraiment aidé dans mon travail ce sont les musiciens. Mon chemin de Damas, je l'ai rencontré voilà dix ans, devant une télévision où un ornithologue anglais expliquait le chant des oiseaux. Il le ralentissait je ne sais combien fois, le décomposait et prouvait, en le comparant aux œuvres de Haendel et de Mozart, sa structure symphonique. À la fin de l'émission, j'avais compris ce que je devais faire : utiliser les personnages comme les divers instruments d'un orchestre et transformer le roman en une partition. Beethoven, Brahms et Mahler ont servi de modèle à *L'Ordre naturel des choses*, à *La Mort de Carlos Gardel* et au *Manuel des Inquisiteurs*, jusqu'à ce que je me sente capable de composer par moi-même, en m'inspirant des saxophonistes de jazz, principalement Charlie Parker, Lester Young et Ben Webster, le Ben Webster de la fin, celui d'*Atmosphère pour amants et voleurs*, où l'on apprend davantage sur les métaphores directes et les non-dits que dans n'importe quel manuel de technique littéraire. Lester Young, lui, m'a appris le phrasé. Il avait commencé par jouer de la batterie, plus tard un critique lui demanda les raisons qui l'avaient conduit à abandonner la batterie pour un instrument à vent, et il répondit :

— Vous savez, la batterie est un instrument terriblement compliqué. À la fin des concerts, quand j'avais fini de la démonter, tous mes collègues étaient déjà partis avec les plus belles filles.

Le désir d'avoir de jolies filles l'a conduit également à créer, entre autres chefs-d'œuvre, *These Foolish Things* où chaque note semble le dernier soupir d'un ange illuminé. La photo que j'ai de Lester Young montre un homme dans une chambre d'hôtel, assis sur le bord d'un lit, avec un sax ténor près de lui. Maigre et vieilli, il vous fixe à travers les années avec les yeux les plus doux et les plus tristes que j'aie jamais vus, il porte une cravate de travers et une veste froissée, mais peu de gens ont rarement été aussi proches de Dieu que ce vagabond céleste. Ben Webster, pour sa part, ressemblait à un boutiquier obèse qu'une auréole invisible mais réelle transfigurait. Ces trois êtres sont assis à la droite du Père et je m'étonne de ne pas les retrouver sur les autels des églises. Peut-être n'y a-t-il pas de place, dans les cieux de marbre et de plâtre, pour des alcooliques déréglés et des pécheurs invétérés. Il y a visiblement des gens qui se sentent mieux en compagnie de personnes édifiantes qui n'ont rien édifié, sinon des vies sans joie s'achevant dans une agonie vertueuse embaumée de lys. Mais je pense que Dieu n'est pas un sot, et je suis sûr que tant de bonté mélancolique et de médiocrité rachitique lui donne des nausées. Je parie même qu'il joue de la batterie histoire de laisser aux autres les plus jolies filles, et qu'il reste sur scène à ranger discrètement tout son barda, caisses et cuivres, tandis que Charlie Parker, Lester Young et Ben Webster emportent tranquillement gin, marijuana et jolies filles dans un studio d'enregistrement, où Billie Holiday se met à l'instant même à chanter Sa puissance et Sa gloire jusqu'à la fin des temps.

Le rose arrondit la jupe

Enfant, je rêvais souvent que je volais. Voici comment : j'étais tranquillement avec les miens, dans le potager ou dans le salon, et là je me coupais de la conversation

(les gens parlent toujours dans mes rêves)

je leur tournais le dos, je faisais un petit bond, ouvrais les bras et me mettais à planer. Le rêve me semblait si réel qu'aujourd'hui encore je me souviens nettement du paysage vu d'en haut : notre maison, les arbres, d'autres maisons, la rue, ma famille jouant aux cartes sous un parasol, la tonnelle près du bassin, et moi de-ci, de-là, telle une feuille de bouleau en automne. Mais j'ai oublié comment se terminaient ces rêves. Puis j'ai dû grandir très vite car, durant des années, je n'ai plus revolé, et mes rêves furent troublés par un sombre désespoir qui me jetait un long moment, après mon réveil, dans une inertie anxieuse. Ce fut à l'époque où je commençais à me raser, tout étonné d'avoir des cheveux blonds et quelques petits poils sur les joues. Un jour je lus dans un livre que dom João de Castro, voyant un homme aux cheveux noirs et à la barbe blanche, déclara qu'il pensait plus avec son menton qu'avec sa tête. Bien que cette phrase m'ait alors poursuivi un certain temps, je croyais l'avoir oubliée. Il y a tant de choses que je croyais avoir oubliées et qui, soudain, me reviennent à l'esprit. Le père de ma mère, par exemple, qui lisait son journal sur le balcon à Nelas. João et moi qui allions au bois, dans la Beira Alta, pour cueillir des mûres sauvages, avec l'espoir de découvrir le rayon vert dans les crépuscules sur le Caramulo. Tout me semblait immense, lent, jusqu'à monsieur Casimiro qui nous offrait des bonbons à l'épicerie. J'ai de nouveau volé en Afrique, pendant la guerre, mais d'un vol triste : de-ci, de-là, telle une feuille de bouleau en automne, car tout en bas je ne voyais que des cadavres et des poulets que les milans attrapaient brusquement, pour remonter aussitôt dans les airs avec leur victime entre les serres. Ma maison avait disparu et ma famille ne jouait plus aux cartes sous un parasol. Le jardinier fichait le parasol dans un cube en ciment, percé de deux trous, l'un vertical, l'autre oblique, selon l'angle de frappe du soleil. Encore une chose que je croyais avoir oubliée, ce cube en ciment, avec ses anneaux en fer, que je ne parvenais pas à soulever. Et la table en pierre. Et les processions du dimanche, avec des enfants déguisés en anges, qui pleuraient. Ma mère disait qu'elle m'embrassait, quand j'étais bébé, jusqu'à en avoir mal aux lèvres. Cela, je n'ai même pas eu à l'oublier : ça n'a simplement jamais existé pour moi. De même, les grands-parents de ma mère se réduisaient à des généraux sévères sur une photo, et le père de ma mère à un homme qui lisait son journal en silence. Le silence autour de lui

(dans mon souvenir un grand silence l'entourait)

l'enveloppait d'une seconde solitude. Tout silence, je crois, est une seconde solitude qui renforce la première, et le père de ma mère me semblait la personne la plus isolée du monde. De temps en temps il souriait. Ma grand-mère m'a raconté qu'à sa mort il était parti avec un beau sourire dans son cercueil. Cela eut lieu en 1955, je n'avais pas treize ans et j'ignore ce qu'est devenu ce sourire à présent. Dans le cimetière de Benfica ? À Nelas ? Sur le muret surplombant la vigne, avec une cigarette se consumant au bout de son fume-cigarette ? Durant des mois, après l'enterrement, je découvrais des traces de rouge à lèvres sur le verre de sa photo : la commode de la chambre de mes parents est un discret caveau de sourires. À droite des brosses en argent, à l'autre bout, il y a une sorte d'arbre en métal chargé de six fruits ronds, six petits cadres, et, dans chacun d'eux, une photo d'un de leurs fils. La lumière de la Travessa dos Arneiros les éclairait de biais en traversant le rideau. Six fruits. Celui qui est le mien sourit également : un sourire prétentieux, un peu niais, comme celui de tous les grands timides. Je me penche sur lui et je ne comprends pas. Cette photo doit remonter à l'époque où un duvet courait sur mes joues. Si je lui disais

— António

(un prénom banal, celui de mes grands-pères)

il ne me répondrait pas. Il resterait là, prétentieux et niais, à droite des brosses en argent, si bien que je préfère prendre congé

— Salut António

et quitter la chambre de mes parents pour rejoindre

ce que nous appelions, enfants, le salon du milieu, et de là l'autre salon où nous nous retrouvions tous, sur les canapés, pour bavarder. Ma mère à voix basse

— À table, c'est prêt

si bien que je m'installe à ma place, sans plus songer à mes vols d'enfant. Je voudrais seulement savoir où se trouve à présent le cube en ciment pour le parasol.

Portrait de l'artiste en jeune homme, II

Jamais je n'oublierai le début de ma carrière littéraire. Ce fut soudain, instantané, fulgurant. J'étais dans le tram sur le chemin de Benfica, après un nouvel après-midi instructif au lycée Camões, sorte de camp de concentration terrifiant et inutile, quand, arrivé à la hauteur de Calhariz, je fus ébloui par une surprenante évidence : je deviendrais écrivain. J'avais douze ans, je me préparais à une grande carrière dans le hockey sur glace, j'hésitais à devenir Spiderman ou Flash Gordon, je penchais pour Spiderman parce qu'il sautait entre les immeubles, et voilà que surgissait l'appel, la vocation, la certitude d'un destin sans commune mesure avec mes projets, mes rêves, mes fantasmes de héros musclés et castagneurs. Mais le chemin de Damas étant le chemin de Damas, chacun doit se soumettre à saint Paul non par goût mais par obéissance. Aussi, par obéissance, me suis-je arrêté à l'épicerie du Chauve pour acheter un cahier de brouillon de trente-cinq pages, puis j'ai regagné ma chambre, où je me suis assis à ma table pour entrer immédiatement dans l'immortalité avec une douzaine de quatrains. Le jour suivant j'ai pondu quelques sonnets. Ils devaient être pleins de fraîcheur car quand je les ai montrés à ma mère, elle m'a regardé avec cet air de pitié qu'on accorde aux infirmes et aux cinglés irrémédiables. Encouragé par cette douce stimulation maternelle, je me suis essayé au conte : nouveau regard de pitié. Un poème imité de Camilo Pessanha qui, comme chacun sait, est un poète mineur : je crus alors lire dans son regard de pitié l'affolement d'avoir accouché d'un mongolien. J'ai cherché quelque réconfort auprès de mon frère Pedro, qui du haut de ses neuf ans me semblait apte à juger mes prouesses. Je ne me trompais pas : fort de sa grande expérience, Pedro, qui ne parlait jamais, garda le silence. Mais je perçus clairement dans ce silence son admiration pour mon génie. Je lui dis que je m'étais mis à un roman et le mutisme de Pedro s'est accru, signe évident d'approbation puisque aujourd'hui encore Pedro ne contrarie jamais les imbéciles. Tout au plus sourit-il quelquefois. J'ai achevé le livre. Et dans son sourire, j'ai aussitôt perçu le respect et l'enthousiasme. J'ai emporté mon livre dans le potager, et je l'ai brûlé. Le sourire de Pedro s'est élargi. Il ne l'a perdu qu'au moment où, remuant avec mépris les cendres du bout de mon pied, j'ai juré d'entamer une nouvelle œuvre. Bien entendu, son sérieux ne traduisait que l'attente anxieuse d'un fan inconditionnel. Je me suis donc mis à remplir un nouveau cahier de brouillon. Par la fenêtre, je voyais Pedro dans le potager, qui contemplait les cendres en suçant des caramels. Les caramels ne sont un problème que pour les dentiers. Entre douze et treize ans, j'ai composé une dizaine d'œuvres de genres divers, toutes remarquables : nouvelles, odes, pièces de théâtre. À quatorze ans, j'étais un auteur chevronné. Persuadé de l'excellence de mes sécrétions, je les ai envoyées au *Diário Popular*. Un monsieur que je n'ai jamais rencontré mais qui était certainement un être généreux

voire charitable

a publié quelques pages de ce rebut dans une rubrique intitulée « Anthologie des révélations ». Un brin de bon sens m'avait suggéré d'utiliser un pseudonyme, d'un goût presque aussi fin que les balivernes de l'auteur. Mais de les voir ainsi imprimées m'emplit de doutes : je commençais nébuleusement à saisir qu'il existait une différence entre bien écrire et mal écrire. Plus tard, quand je me rendis compte qu'il existait une différence encore plus grande entre bien écrire et composer une œuvre d'art, ce fut l'angoisse complète. Je devins une bête

je n'étais qu'un gamin naïf

je repris tout depuis le début, et ce que j'écrivais je ne l'ai plus jamais montré à personne. Durant vingt ans, j'ai retravaillé quotidiennement mes déchets, perplexe et angoissé, toujours en proie à cette insatisfaction qui aujourd'hui encore me poursuit, entrecoupée de quelques moments de joie qui se révélaient, après une relecture à froid, déplacés et stupides. J'ai commencé à me raser. J'ai terminé des études qui ne m'ont jamais passionné. Je suis parti à la guerre. J'en suis revenu. J'ai passé neuf ans sur un roman affreusement mauvais. Et soudain, sans savoir pourquoi ni comment, j'ai senti un petit fœtus remuer dans mon ventre et j'ai enchaîné *Mémoire d'éléphant*, *Le Cul de Judas*, *Connaissance de l'enfer*, et ainsi de suite jusqu'au dernier de cette année, commencé en juillet.

Mais cette dernière phase de mon apprentissage présente peu d'intérêt. Celle qui me plaît c'est l'autre, celle des quatrains, des odes patriotiques, celle où j'étais le client de l'épicerie du Chauve, un client qui à force d'acheter des cahiers de brouillon aurait mérité qu'on lui déroule un tapis rouge chaque fois qu'il se frayait un chemin à travers haricots et pommes de terre, avec ses deux piécettes dans la main. J'espère qu'il existe encore au fond de moi, avec son innocence, ses certitudes et sa naïveté inébranlable, sacrifiant le plaisir d'être Spiderman à son destin

croyait-il

d'écrivain, c'est-à-dire un monsieur ronchonneur agrippé à son stylo, incapable de sauter par-dessus un immeuble aussi petit soit-il, et persuadé, le dos bloqué, d'avoir percé le mystère des êtres et de la vie, mais inapte à voyager comme Flash Gordon de planète en planète avec la carrure d'un rugbyman, protégé par son esprit pratique contre les labyrinthiques complexités de l'âme.

On ne redescend pas vivant d'une croix

Deux jours avant, lorsque nous nous sommes retrouvés seuls, il m'a dit :

— Je veux mourir dignement.

Il était très fatigué et déjà très amaigri, pourtant il continuait à perdre du poids. Près du fauteuil où il s'asseyait

si on peut appeler cela s'asseoir

une pile de mouchoirs dans lesquels il toussait sans arrêt. Il s'assoupissait, se réveillait, me regardait avec un sourire en haussant les épaules. Notre amitié fut toujours plus composée de silences que de mots. J'ai partagé avec lui les moments les plus intimes de sa vie, de ma vie, en Afrique et au Portugal, ce qui a créé une complicité que je n'ai jamais connue avec personne d'autre. Tout enfant, Catarina, sa fille aînée, s'étonnait de nous voir ensemble durant des heures sans ouvrir la bouche :

— Vous ne vous parlez jamais.

Elle était trop jeune pour comprendre que c'était là, précisément, notre manière de nous parler, et que nous ne cessions d'échanger nos sentiments sous la pudeur et l'attention extrême qu'Ernesto a toujours su témoigner à ses camarades. Voilà quelques mois, lorsqu'il fut opéré à la langue, sa voix au téléphone

(si faible déjà)

inquiète pour moi me rappelait le commandant de Saint-Exupéry qui affirmait qu'il fallait aimer les gens sans le montrer : ceux qui le connaissaient mal ne pouvaient comprendre ; ceux qui le connaissaient bien sentaient sa tendresse vigilante et son affection indéfectible. Nous partagions les mêmes goûts et les mêmes opinions, et le seul écart que j'aie jamais eu à lui pardonner, c'est cette boîte à musique avec une ficelle qu'il a offerte à Joana bébé. Joana pleurait toutes ses larmes, je tirais la ficelle, la boîte entonnait un petit air, Joana se taisait, je regagnais mon lit, mais comme au moment précis où je m'endormais la musique s'arrêtait, Joana se remettait à pousser des cris et je retournais, chancelant, tirer sur la ficelle. Aujourd'hui encore, je me demande s'il ne l'a pas fait exprès, s'il n'a pas calculé la longueur exacte que devait avoir la ficelle pour me laisser le temps de me recoucher et accroître ma contrariété. Cela se passa un ou deux mois avant le 25 avril, dont il me parlait avec une exaltation courageuse et inquiète, marchant de long en large, une cigarette à la main, dans mon minuscule salon encombré de livres. Quand j'étais lieutenant, l'envie m'avait pris de déserter, de fuir. Il m'a répondu que la guerre était une gigantesque erreur

(je n'ai jamais oublié ses paroles)

et que la révolution se ferait de l'intérieur. Comme souvent lorsque nous divergions, il avait raison. Et je l'ai suivi. Nous étions en 1970, et durant vingt ans

(hormis l'épisode de la boîte à musique)

aucun nuage ne vint assombrir notre amitié. Ma vie n'a certainement pas été heureuse, mais elle m'a apporté, sans que je le mérite, quelques rencontres miraculeuses : José Cardoso Pires, Daniel Sampaio, Nelson de Matos, Marianne Eyre. Et Ernesto Melo Antunes, le farceur à la ficelle, auquel je rends hommage seulement maintenant. À sa mort, ceux qui en ont le mieux parlé dans les journaux ne furent pas les politiques ni les intellectuels, mais les militaires. Ramalho Eanes et Pezarat Correia, par exemple, en ont fait un admirable portrait. Le jour de son enterrement, j'ai rencontré Maria de Lurdes Pintasilgo. Elle me souriait et, quand je l'ai embrassée, j'ai senti son visage mouillé de larmes. Comme je n'ai pas sa dignité mieux vaut me taire avant qu'on ne sente les miennes. C'est que je croyais les avoir laissées presque toutes dans les bras de mes amis.

Pas maintenant, je vous en prie

Il ne se sentait pas très bien, pas vraiment un vertige, ni une migraine, ni une douleur à l'estomac, mais un mélange de tout cela sans être tout à fait l'un ou l'autre, si bien qu'il s'est redressé sur le canapé pour écouter son corps, dans l'espoir que ce corps lui explique ce qu'il avait. Toute sa vie, il pensa que le corps avait ses manières à lui de nous parler et qu'il suffisait de l'écouter pour le comprendre.

— Ça ne va pas Carlos ?

Cette question posée par sa femme interrompit son entretien avec ses viscères, ce qui l'incita à placer un doigt vertical devant sa bouche afin que son corps puisse disserter à loisir sur son état. Mais sa femme, indifférente à son doigt, se trouvait déjà à ses côtés et lui saisissait le bras en répétant

— Ça ne va pas Carlos ?

avant de poser une main sur son front pour prendre la température. Cela l'irritait qu'à la moindre alerte sa femme lui prenne la température, comme si un bien-être ou un malaise était toujours accompagné de fièvre. Il voulut la repousser du coude mais le courage lui manqua. De plus son vertige était-ce un vertige ?

grandissait, devant lui la télévision se mit à osciller, fort heureusement il n'était pas seul. Sa migraine parut s'atténuer, même si la douleur à l'estomac prenait la forme d'une boule qui l'oppressait ou qui était sur le point de l'oppresser, il n'aurait su le dire. Quoi qu'il en fût, il commença à s'alarmer et s'en rendit compte en sentant ses mains devenir moites, glissant l'une contre l'autre comme des savonnettes, autonomes. Elles finirent par se poser sur ses genoux et restèrent là, jointes, tandis qu'il les observait, persuadé qu'il ne s'agissait pas des siennes. Sa femme l'attrapa par le menton pour tourner son visage vers elle. Ses yeux lui parurent plus grands qu'il ne l'imaginait et son visage, préoccupé, presque beau. Il pensa que les traits s'affinaient lorsqu'un visage prenait un air sérieux, et il se souvint de sa mère qui, après le dîner, faisait la vaisselle dans la cuisine. Tous ses gestes devenaient soudain gracieux et, l'espace d'un instant, il envia son père mort depuis onze mois d'un cancer de la gorge. Quoique malade, il fumait comme un fou et passait la journée à tousser. Mais il avait été un bon père.

— C'est sans doute à cause de mon vertige que j'ai repensé à lui

se dit-il, tandis que la télévision tourniquait et tourniquait et que la boule dans son estomac se divisait en une infinité de petites boules qui proliféraient dans tout son ventre. Après la mort de son père, sa mère laissa la vaisselle s'accumuler pendant des semaines, et passa l'essentiel de son temps à regarder la rue par la fenêtre. Peut-être que sa femme, après sa mort, passerait elle aussi l'essentiel de son temps à regarder la rue. Treize ans les séparaient et, de temps en temps, il culpabilisait d'être beaucoup plus vieux. Ses cheveux se raréfiaient, et son médecin lui avait prescrit quelques gouttes pour sa tension. Il avait encore l'ordonnance dans son portefeuille, comme quelqu'un qui porte sur lui un certificat d'invalidité. Il ne donna jamais l'ordonnance ni ne prit les gouttes : il préférait la garder dans son portefeuille pour la sortir le soir, chausser ses lunettes et y lire XV gouttes avant chaque repas. Il trouvait curieux que le nombre de gouttes soit indiqué en chiffres romains : cela lui rappelait l'horloge de son grand-père sur la commode, une relique où manquaient les aiguilles, avec une tache de rouille au milieu du cadran. Il ne savait comment le dire autrement, mais ça lui plaisait de porter sur lui une horloge en papier avec le nombre XV. Les vraies horloges n'allaient pas au-delà du XII.

— Carlos

répéta sa femme d'une voix qui lui sembla venir de loin, bien que sa bouche se trouvât proche de son oreille. Autrefois

il y a combien de temps ?

il avait aimé cette bouche. Et ce nez. Et ce balancement des hanches quand elle marchait. Depuis quelques années, sa femme avait un peu grossi, s'était transformée, mais ses yeux étaient les mêmes : grands, attentifs, pas tout à fait solides, une paire de petits globes d'eau sombre que la peur, lui sembla-t-il, assombrissait à présent.

— Ça va mieux n'est-ce pas Carlos ?

Sa question trahissait une telle anxiété qu'il répondit oui. Il s'enfonça de nouveau dans le canapé, tenta de prendre le journal. Mais les mots imprimés n'avaient pas de sens. Il leva ses sourcils, les meubles du salon n'avaient pas de sens. Et les tableaux non plus n'avaient pas de sens, surtout les deux sur le mur près de la table, dont il avait oublié l'ami qui les lui avait offerts pour son mariage. Sa femme, rassurée, reprit ses aiguilles et se remit à son tricot. Elle ressemblait à sa mère quand elle faisait la vaisselle dans la cuisine après le dîner. Une bonne mère, un bon père. Il replia le journal pour le poser sur le coussin. Les petites boules continuaient à se diviser, elles envahissaient sa poitrine. Il se consola en se répétant qu'il n'avait pas de fièvre. Dieu merci, il n'avait pas de fièvre. Le téléphone sonna dans la chambre et sa femme le quitta pour aller répondre. Contrairement à ce qu'il aurait cru, cela ne l'angoissa pas d'être seul. Il s'installa plus confortablement sur le canapé. Il entendit sa femme rire au téléphone. Il sourit au rire de sa femme et posa sa nuque contre le canapé. C'était absurde, mais il s'en fichait. Il se fichait de tout. Si sa femme lui avait demandé

— À quoi penses-tu ?

il n'aurait su quoi répondre. Il ne pensait à rien, il pensait au vide.

Le hasard est le pseudonyme utilisé par Dieu lorsqu'il ne veut pas signer

Presque chaque jour, après le déjeuner, je gare ma voiture près d'un olivier dans le parking de l'hôpital et je reste là assis en ne pensant à rien, en ne sentant rien, à regarder le tronc et à m'entendre respirer. C'est un vieil arbre, courbé, couvert de mousse. Même au cours des journées ensoleillées, des bribes de nuit semblent subsister entre ses branches. Derrière le mur, des vérandas de pauvres avec des bouts de carton en guise de vitre. Une chemise qui sèche, des vêtements bon marché, bigarrés. Je n'ai jamais vu personne dans ces vérandas. Ce lieu me rappelle celui où j'ai grandi, avec son aveugle accroupi à l'ombre d'un palmier devant la poste. Je suis l'aveugle sous l'olivier, qui attend. Il manque le marchand d'oiseaux qui, les mains chargées de cages, discutait avec lui-même dans la rue déserte. À quatorze ou quinze ans, j'ai écrit un poème sur lui. Il attrapait les volatiles avec des filets autour de l'École normale, mésanges, huppes, moineaux. Le patron de la taverne les rachetait presque tous, les faisait frire dans de l'huile et les clients les glissaient dans du pain, puis avalaient un verre pour amortir. Une plume voltigeait entre les têtes.

Quand il pleut, l'olivier du parking se ride davantage. Un jour où j'étais de garde, je suis allé le voir à la nuit tombée : des bribes de jour semblaient subsister entre ses branches. On était en juin ou en juillet. Un patient s'était pendu. Il avait l'habitude de demander des cigarettes, une pièce pour un café, des choses de ce genre. La femme qui lui apportait une corbeille de pêches portait les mêmes vêtements bon marché qui séchaient aux vérandas. L'infirmier avait coupé la corde et étendu l'homme par terre. Il s'était rendu dans la salle de soins pour remplir la paperasse. Le stylo n'avait plus d'encre. L'infirmier dut en sortir un autre de la poche de sa blouse. Bleu. Il mit une éternité à remplir la fiche. Quelque part, peut-être près de la balance, l'aveugle de la poste devait me surveiller. Je ne sais pourquoi il était toujours entouré de chats. L'un des vers de mon poème évoquait ces chats. Bien sûr aucun journal ne les a publiés. Je les achetais tous, plein d'espoir, mais jamais rien. J'étais le plus grand écrivain du monde, mais personne ne le savait. Faire rimer le palmier, l'aveugle et les chats m'avait demandé un effort de titan. J'ai dû passer au propre un certain nombre de versions. Le poème s'achevait par un point d'exclamation. Puis je l'ai remplacé par trois points. Puis j'ai supprimé la ponctuation pour régler le problème, et je me suis trouvé moderne. L'injustice des rubriques littéraires m'a mortifié pendant longtemps, c'est-à-dire un jour ou deux. À quatorze ans, les jours sont interminables.

Combien d'années peut bien avoir cet olivier ?

J'aime le parcourir avec la paume de ma main, effleurer la lame de ses feuilles. Dans une des vérandas, un cactus dans un pot. Le pot posé sur une soucoupe en aluminium. Et le désir puéril me vient de lancer un caillou sur le pot. Si je lançais ce caillou, qui me dénoncerait à ma mère ? Apparaîtrait-elle à la véranda pour me gronder ? Je devinais qu'elle était fâchée à sa façon de prononcer António. Mon prénom, dans sa bouche, prenait un air de sourcils froncés. Nous comprenons que nous sommes devenu adulte le jour où l'on cesse de nous gronder. Rien qu'un hochement de tête, silencieux. On a enveloppé le pendu dans un drap, l'un de ses pieds nus dépassait. Bêtement, je me suis mis à compter ses orteils. On a soulevé la civière pour l'emporter. Lorsqu'on l'a annoncé à sa femme, sa corbeille de pêches s'est aussitôt mise à trembler. Je suis resté là à la regarder s'en aller avec ses fruits. Vue de dos, elle m'a paru plus maigre. L'ombre du couloir l'a engloutie. Des jambes toutes fines, des chaussures de tennis. Où vivait-elle ? J'ai regretté mon désir de lancer un caillou sur le pot : les cactus sont une bonne compagnie.

Aujourd'hui, samedi vingt et quelques janvier. Un ciel sale, un jour sale, des nuages qu'on a envie de laver avec une brosse ou un chiffon trempé dans l'eau chaude pour faire disparaître les taches. Avant-hier, j'ai dîné chez mes parents. La cascade obstruée, le jardin à l'abandon. J'ai tellement joué au ballon ici ! Des fenêtres aux volets en bois devant un petit banc en pierre, la table, une meule de moulin, et moi en quête de lézards dans les moindres recoins. Un après-midi j'ai découvert un crapaud près du figuier, qui gonflait son gosier. On aurait dit le tailleur de la rue du Tojal, enflé par l'emphysème, qui faisait des marques à la craie sur le costume des clients. En regagnant la rue, j'ai eu l'impression de faire bien plus que de regagner la rue. On m'a appelé par mon prénom. Je suis sûr d'avoir entendu mon prénom. António. Sans froncement de sourcils. Juste António. Qui était-ce ? La plante grimpante ? Le balcon ? Les fleurs du parterre ? Je me suis retourné et je me suis vu moi-même en train de m'observer. Adieu António, a-t-il soufflé. Il ne m'avait pas vu depuis des siècles. J'ai répondu

— Adieu António

et j'ai souhaité ne plus jamais le revoir. À quoi bon ?

La compassion du feu

Je pense souvent à cette dame à qui on demanda si sa statue était équestre. Elle hésita, pesa le pour et le contre, avant de répondre avec fermeté :

— Couci-couça.

Cocteau considérait cette réponse comme la meilleure définition du centaure. Dans la vie, sans doute nous sentons-nous tous couci-couça, vu que l'existence, ou l'art de l'inachevé, est soudain interrompue par la mort avec un humour de mauvais goût, la plupart du temps lorsque nous commencions à nous habituer à l'inconfort de la prison des jours, du fait de confondre la résignation avec la sagesse et l'indifférence avec la patience. Un critique théâtral détenait un critère infaillible pour juger la qualité d'une pièce selon la douleur qu'il ressentait aux fesses à la fin du deuxième acte, ce qui rendait l'absence d'hémorroïdes plus importante que les dialogues : le succès, cette forme de fiasco différé, ne résiste pas à une douleur de dents. Deux choses m'effraient en lui : l'affreuse vulgarité qui l'accompagne et le fait que, du haut de notre piédestal, l'on devine dans l'ombre, invisible mais présent, l'inconnu qui bientôt vous supplantera. Les prix littéraires, par exemple, me semblent aussi aléatoires que les concours hippiques. Chaque fois qu'il y avait une élection au Parlement français, Clemenceau déclarait

— Je vote pour le plus sot.

Au Portugal, je les refuse par peur de voir les sots voter pour Clemenceau. À l'étranger, où ils pleuvent avec une abondance qui me confond, j'accepte ceux dont les pays me plaisent, histoire de faire du tourisme à l'œil, dès lors qu'on ne m'oblige pas à donner des interviews ni à faire des discours. Mon ami José Cardoso Pires s'étonnait de me voir empiler mes trophées dans les toilettes : je lui ai vanté leur fonction laxative, en espérant qu'un jour la chasse d'eau les emporte tous vers le Tage. Concernant la littérature, j'ai toujours pensé que les seuls romans qu'un écrivain devait relire pour améliorer son travail étaient ceux qu'il écrivait lui-même, même si je déteste revisiter tous ces cimetières de mots avec un chagrin de veuve. Je regarde mes étagères et je ne vois que de petits tombeaux fermés avec ma photo en médaillon, sur lesquels je devrais déposer des jacinthes achetées aux vendeuses ambulantes de larmes. Ma tâche consiste, livre après livre, à défaire les mailles que j'ai tissées, à démonter les états d'âme que j'ai agencés, à jeter au rebut les statuettes que je croyais dignes d'admiration, à être suffisamment courageux pour subvertir les lois que je prenais pour des dogmes, à m'arc-bouter sur mes erreurs comme le pagayeur sur sa perche pour aller plus loin, ce qui me prive du bonheur d'être satisfait, mais me laisse l'espoir de plaire aux lecteurs. Il n'y a là aucun altruisme de ma part car je ne suis pas un écrivain généreux : juste un homme qui pense qu'être doué c'est aller au-delà de ses possibilités. Je ne suis pas sur terre pour aider mes admirateurs à traverser la rue.

Je me souviens d'un critique qui me disait au sujet d'un auteur, croyant faire son éloge, qu'il avait des idées très fortes : une idée très forte est la pire des choses pour une œuvre de fiction, vu qu'elle la conditionne et la limite ; il faut que les paragraphes se dévorent au lieu de s'aligner, comme un peloton militaire au service de la cause de l'officier qui les commande et qui n'est pas la sienne. Il est impossible d'écrire sans contradictions, tortures, véhémences, remords, sans cette sorte de fureur indignée d'un buisson ardent qui jette les émotions les unes contre les autres dans une exaltation perpétuelle. Les idées très fortes débouchent sur des certitudes et là où il y a des certitudes l'art est impossible. En revanche, elles rendent possibles les bons mauvais romans que les pouvoirs publics reconnaissent parce qu'ils ne les interrogent pas et qu'ils louent parce qu'ils ne les méprisent pas, quoiqu'ils feignent de les interroger et de les mépriser. Les toilettes, le seul lieu digne pour ces récompenses littéraires qui en général sont immondes : mes monstres, exposés sur le marbre du lavabo, dégagent une vertu révulsive hygiénique. Pour être tout à fait sincère, je ne les considère pas comme les miens, mais plutôt comme une tentative de m'annuler en m'adoptant, comme on l'a fait avec ce pauvre Camilo Branco en le nommant vicomte de Correia Botelho. Je ne suis pas si aveugle ni si désespéré pour mordre à l'hameçon ou accepter la prébende, et ma soif d'applaudissements mondains est nulle parce que mon envie d'écrire est énorme. Peut-être finirai-je par mourir seul, dans une pauvre gare isolée, comme Tolstoï. J'espère que oui, car pendant qu'il agonisait, allongé sur une sorte de civière, ses doigts continuèrent à tracer sur le drap des mots et des mots que le chef de gare s'efforçait de lire. Une gare isolée par la neige, un vieil agonisant qui laisse sur son suaire un message de feu, et un paysan épelant ses phrases jusqu'à ce que sa main se fige. La femme de Tolstoï dans son journal : J'ai vécu quarante ans avec Lev Nikolaïevitch, mais je n'ai jamais su quelle sorte d'homme il était. Personne ne le savait alors. Aujourd'hui nous le savons : il nous a dressés sur nos pattes arrière pour nous faire projeter une ombre immense.

À Porto avec Egito Gonçalves

Nous nous sommes rencontrés par hasard au Brésil, mais je te connaissais depuis longtemps. Je ne savais même pas que tu ressemblais au mousquetaire Aramis : j'étais adolescent, et lors de mes virées dans les librairies d'occasions, les seules qui étaient à la portée de la bourse d'un gamin, je suis tombé sur une anthologie de poésie espagnole réunie par toi. Pour mes quinze ou dix-sept ans, ce fut une révélation. Si décisive que j'ai déchiré tout ce que j'avais écrit jusque-là pour tout reprendre depuis le début. Soit dit ici entre nous, je continue encore à tout reprendre depuis le début. Mais je compris qu'il était difficile de manier les mots

(je trouve aujourd'hui que c'est encore plus difficile)

et qu'il me manquait ce que Rilke appelait le sang, le regard et le geste. Puis

bien après

oui, le Brésil et ton amitié incomparable. Quand Alexandre O'Neill, qui était avec nous, a tourné de l'œil dans la chambre, tu m'as aidé à enfoncer la porte. J'y suis allé à coups d'épaule, comme une brute. Toi, avec ton élégance de mousquetaire. Et puis ce fut notre passion partagée pour les livres, tes poèmes, mes romans, Porto. Combien de nuits n'as-tu pas passées à Porto à me raconter chaque rue, chaque maison, chaque pierre. J'ai appris cette ville avec tes yeux, j'ai voyagé, comme tu le dirais, avec ton visage. Dès que j'arrivais, je t'appelais. (Et nous nous écrivions : je me souviens de tes lettres de Turquie, de Finlande, j'ai parlé de tes romans António, on veut te rencontrer António.) Je t'appelais et tu étais là, ponctuel, dans le vieux Ribeira, à m'attendre. Je n'ai jamais tant marché, et j'ai toujours eu l'impression que toi tu trottais à mes côtés sur un cheval invisible, comme il sied à un spadassin. Car tu as toujours été un spadassin, Egito, avec ta silhouette svelte et élancée, tes beaux cheveux blancs, ton petit bouc, tes gestes d'escrimeur, l'évocation de tes poèmes, ta constante attention, ta bienveillance envers le travail des autres, l'enthousiasme avec lequel tu découvrais de nouveaux talents, en allant parfois jusqu'à les imaginer là où ils n'existaient pas, avec cet espoir

ce désir

de transformer le monde en une république d'artistes. Tu me demandais

— Écoute ça

et j'écoutais alors un tourbillon de vers, jamais les tiens, que ta véhémence transfigurait. À l'égard de ta poésie, tu étais toujours d'une discrétion et d'une modestie exemplaires, au détriment même de la divulgation de ton œuvre. Généreux, tu n'attaquais ni ne diminuais personne, tu t'effaçais, toi qui, à mon sens, occupe une place évidente dans la littérature de ce siècle, grande ou petite peu m'importe : il me suffit de savoir qu'elle existe. À présent, la question égoïste que je me pose, c'est comment vais-je pouvoir parcourir Porto sans toi. Quelle est l'histoire de cette rue, de cette maison, de cette pierre ? Où est le fleuret qui me la désignera, où se trouve la voix un peu rauque qui m'en parlera ? Toi, si attentionné, comment n'y as-tu pas pensé ? Bien sûr que j'en suis

(je ne le dis pas mais je le suis)

quelque peu froissé. Je te pardonne car tu n'étais pas qu'un poète. Tu étais poésie, c'est pourquoi je te respecte et t'admire. Mais bon sang, tu ne pouvais donc pas attendre que j'arrive ? C'est la première fois que tu me fausses compagnie, et on pardonne toujours la première fois. Mais te voilà prévenu : je te défends de mourir une seconde fois. Et maintenant que j'en ai fini avec ces menaces, embrassons-nous comme d'habitude et allons-y. Il y a encore un tas de ruelles à découvrir, un tas de restaurants où je n'ai jamais mangé, et un tas de vers que tu ne m'as pas encore récités. Et je veux voir ton bras en l'air quand nous nous quitterons, ce bras que tu levais toujours au-dessus de ta tête avant de repartir, au galop, vers de nouvelles aventures.

Férié

Je regarde par la fenêtre. Tout est paisible. Les maisons, les voitures garées le long de ces maisons, le kiosque à journaux fermé. Sur quelques balcons, des plantes grimpantes, des fleurs, une femme qui m'observe un instant puis se détourne. Le soir, des salles à manger éclairées, des lampes, des tableaux, un enfant qui plaque des autocollants sur une vitre, un homme aux moustaches blanches qui bavarde en bas avec une personne que je ne parviens pas à distinguer, une fourgonnette de gitans sur la petite place. Mon mari qui tourne la page de son journal.

Je retourne m'asseoir sur le canapé, à ma place. Celle de mon mari est dans le fauteuil qui commence à prendre la forme de son corps. J'ai oublié qui nous l'a offert : mes beaux-parents, son parrain, son ami vendeur de meubles ? Mon fils marmonne au téléphone, en nous tournant le dos. Dans dix minutes, il demandera la permission de prendre la jeep, ou plutôt il ne demandera rien du tout, il nous dira en agitant les clefs

— À tout à l'heure

avec la visière de sa casquette sur la nuque. Je me

tue à lui répéter que cette casquette portée à l'envers lui donne un air idiot, mais lui, avec son air idiot, il me répond en silence que c'est moi qui ai un air idiot. C'est possible : mon coiffeur est tombé malade et sa remplaçante m'a fait une coupe de bibliothécaire. Avec des lunettes et des chaussures à lacets, même dans la rue, on m'aborderait pour m'emprunter des livres. J'ai demandé à mon mari ce qu'il en pensait : il m'a regardée une seconde avant de tourner la page de son journal.

Nous sommes heureux, je crois : nous avons cet appartement et un autre en Algarve, l'année prochaine nous achèterons un bateau un peu plus grand, équipé d'une cuisine de la taille d'une boîte d'allumettes, avec deux cabines au lieu d'une. Mon mari m'a promis d'inscrire mon nom sur la coque. De temps en temps, il part à Londres pour ses affaires et rapporte toujours deux flacons de parfum. Il m'en offre un. L'autre est destiné à son associé pour qu'il en fasse cadeau à sa femme. Tous les mois mon mari aide son associé à faire un cadeau à sa femme, mais je n'ai jamais remarqué le parfum sur sa femme. Celle qui sent comme moi, c'est la jeune stagiaire du bureau. Quand j'en ai parlé à mon mari, il m'a répondu que j'étais parano puis m'a demandé un stylo pour résoudre le problème de bridge dans son journal. Bizarrement, aux fêtes du comité d'entreprise, la plus jeune stagiaire porte le même genre de robes que moi, et une bague semblable à celle que j'ai eue pour mon anniversaire. Mais que je sache, aucun bateau ne porte encore son prénom. Peut-être quand nous en aurons un avec quatre cabines et une cuisine de la taille de trois boîtes d'allumettes. Mon mari m'a de nouveau traitée de parano et m'a signalé que, par ma faute, il ne parvenait pas à résoudre son problème de bridge.

Nous sommes certainement heureux, non : nous sommes heureux ; nous ne nous disputons jamais, mon fils, jusqu'à présent, ne s'est pas suicidé avec notre jeep, ma belle-mère m'adore, mon beau-père a mis son domaine à notre nom. Il y a une chapelle avec une cloche. On tire sur la corde et la cloche se met à carillonner. Mon beau-père adore cette cloche : chaque fois que nous y allons, il m'appelle

— Regarde Luísa

et il attrape la corde pour déclencher un tintamarre qui me donne envie de l'étrangler. Pas de l'étrangler brusquement : je lui demanderais

— Regarde beau-papa

et je jetterais mes bras autour de son cou pour l'enserrer doucement, jusqu'à ce que le vieux lâche la corde une fois pour toutes, le visage tout violet et la langue pendante. Nous pourrions célébrer la messe funèbre dans cette chapelle puisque le corps s'y trouverait déjà. Nous coucherions tous ici, en famille, et après l'enterrement, nous irions faire un pique-nique à Santarém. Je suis sûre que la plus jeune stagiaire porterait un bracelet identique au mien.

Donc nous sommes heureux : l'été, nous passons quinze jours au domaine et quinze jours en Algarve, en compagnie de nos amis, l'associé et sa femme, l'autre stagiaire avec une montre et un collier identiques à ceux de la femme de l'associé, mon fils avec sa casquette à l'envers qui fouette l'eau et nous éclabousse, mon mari toujours fatigué le soir

— J'ai sommeil Luísa

je soupçonne la jambe de l'associé et celle de l'autre stagiaire d'être de connivence sous la table de bridge, évidemment si je lui racontais, lui aussitôt

— Tu es parano

évidemment si je le racontais à la femme de l'associé, elle

— Tu parles de qui, de toi ou de moi ?

Ce qui serait idiot puisque nous sommes heureux, mon mari et moi sommes heureux, personne n'a sommeil tous les soirs pendant deux mois de suite, un de ces jours

— Viens voir ici Luísa

un de ces jours

— Il faudrait que nous essayions de parler un peu Luísa

un de ces jours il reviendra de Londres avec un seul flacon de parfum, une seule paire de boucles d'oreilles, une seule bague, mon coiffeur sera guéri, mon fils portera sa casquette à l'endroit, la jeep restera sagement dans le garage, mon mari se lèvera de son fauteuil pour venir s'asseoir sur le canapé près de moi

— Nous devrions nous offrir une seconde lune de miel, Luísa

et nous allons nous l'offrir, bien sûr que nous allons nous l'offrir, des emplettes à Paris, un week-end à Madrid, des robes de couturier que personne d'autre ne portera, la plus jeune stagiaire mutée dans une filiale à Milan, je t'aime Luísa, tu es aussi belle que la première fois que je t'ai vue, tu m'excites tellement Luísa, si bien que je laisserai peut-être mon beau-père sonner à cœur joie la cloche de la chapelle, sans lui serrer le cou, en l'approuvant, en l'encourageant

— Une jolie cloche beau-papa

et je cesserai de regarder les maisons par la fenêtre, la tranquillité des maisons, les voitures garées le long de ces maisons, le kiosque à journaux fermé, quelques balcons avec des plantes grimpantes, des fleurs, une femme qui m'observe un instant puis se détourne, tandis que mon mari indifférent, lointain, si lointain que je ne parviens pas à l'atteindre, tourne la page de son journal.

Cette façon de pleurer dans un mot

En 1971, en Angola, après une action commando (c'est-à-dire des hélicoptères sud-africains parachutant à quatre mètres du sol des militaires qui ont pour mission de tout détruire)

je me suis retrouvé avec une fillette kamessekele qui avait miraculeusement survécu à ce carnage. Les Kamessekeles, un peuple à la peau jaune qui s'exprime par des petits claquements de langue mêlés à des sons rauques. La fillette devait avoir cinq ou six ans, des cheveux blanchis par la faim et un énorme ventre qu'elle poussait comme une brouette. Elle est restée quelque temps avec moi à Chiúme, dans l'infirmerie qui n'était qu'une maison en ruine. Son ventre s'est dégonflé et ses cheveux sont redevenus noirs. Où que j'allasse, elle était toujours derrière moi, même le long des fils barbelés. Un jour, en revenant de la brousse, je ne l'ai pas retrouvée. Aucune explication ne me fut fournie. À quoi bon ? Les choses se passaient ainsi, un point c'est tout. Mais je mis du temps à l'oublier et aujourd'hui encore je revois ses yeux qui n'exprimaient rien. Peut-être qu'alors mes yeux non plus n'exprimaient rien. Qu'auraient-ils pu exprimer ? Il y avait un hangar où attendaient des cercueils, et chacun se demandait

— Lequel sera le mien ?

Des cercueils non pas couchés, mais debout contre le mur, tous identiques. Je me souviens aussi du jet enflammé du chalumeau qui les soudait le plus rapidement possible, car dans ces pays chauds les morts pourrissent vite. On demandait

— Lequel sera le mien ?

Le lendemain, de nouveau les hélicoptères. Un jour, ils ont ramené une femme enceinte. Un de nos officiers l'a poussée dans le hangar aux cercueils et, sous mes yeux, il l'a obligée à poser l'un de ses pieds sur une bière et l'a pénétrée sans baisser son pantalon, juste en ouvrant sa braguette. Une autre fois, il ont ramassé un guérillero, il n'avait plus qu'une jambe. Il était là, assis par terre, un morceau de corde noué autour du cou. Tout cela s'est passé à Gago Coutinho. Quand on sortait, on accrochait l'ennemi au pare-chocs du véhicule de déminage, et on l'entendait pousser des cris de terreur. Lui aussi a disparu. À cette époque, tous disparaissaient, hormis ceux que le chef de la Pide laissait pendus à un arbre. Je revois encore leurs jambes ballantes. C'était dans un village appelé Chiquita. Le chef de la Pide de Gago Coutinho, en revanche, était plus civilisé : il préférait envoyer des décharges électriques dans les testicules et, dans un élan de sympathie, il m'avait invité à assister à ces spectacles. Une séance thérapeutique, une sorte de rééducation. Chaque rééduqué mort était enterré sur une planche. Tout était ramené à un système de points : une arme saisie, tant de points, un canon atteignant sa cible, tant de points, un prisonnier, tant de points. Lorsque nous comptabilisions un certain nombre de points, on envoyait le bataillon vers un lieu plus calme, et c'est lorsqu'on nous a envoyés vers un lieu plus calme, sans guerre, que les soldats ont commencé à se suicider. Un soir, je suis entré dans une des chambrées. Sur un lit, un caporal a calé son arme contre son menton, m'a dit

— À plus tard

avant de tirer. C'était à Marimbanguengo. Des morceaux d'os et de cervelle ont giclé au plafond, mais le soldat, avec une moitié de tête en moins, a mis trois heures à expirer. Je l'entends encore me dire

— À plus tard

suivi du coup de feu, mais il y a tellement eu de coups de feu en Angola que celui dont je me rappelle n'est peut-être pas le sien. Autant de coups de feu que de frémissements de feuilles d'eucalyptus à Cessa. À Marimba, l'un des blanchisseurs eut la mauvaise idée de voler une chemise à un lieutenant. Ces blanchisseurs avaient quinze ans tout au plus. On les a étendus côte à côte pour les cramer avec le bout d'une cigarette. Cela c'est passé peu avant notre retour au Portugal. Leurs corps furent couverts de plaies et de pustules, et un agent de la Pide dut régler le problème après avoir vertement réprimandé le lieutenant en lui intimant de faire à l'avenir les choses proprement. La semaine dernière un homme est venu me voir à l'hôpital. Il travaillait avec le responsable de la radio et c'est lui qui m'avait annoncé la naissance de ma fille, que j'ai seulement pu voir quelques mois après. À l'époque, c'était presque un gamin, la semaine dernière, c'était presque un vieux. Il m'a montré une photo du dernier dîner de la compagnie. Tous étaient des presque vieux, impossible de les reconnaître dans leur presque vieillesse. Il me les désignait tout en les nommant, le fourrier ici, le sergent là, son doigt parcourait la photo avec tendresse. Parmi eux, je crois, le brancardier que j'ai découvert sur la piste avec ses intestins entre les mains tendues dans un geste d'offrande. J'ai observé le fourrier, le sergent. Ils étaient là souriants, presque vieux, presque gais, bras dessus, bras dessous, et pourtant il m'a semblé que leurs yeux continuaient à ne rien exprimer, tout comme les yeux de la fillette kamessekele n'exprimaient rien. Mais les yeux de ces presque vieux exprimaient peut-être quelque chose. Ce sont des Blancs, pas des Noirs, et s'il m'a semblé que leurs yeux n'exprimaient rien, c'est sûrement dû à un défaut de la photo.

Texte pour le livre du photographe Eduardo Gageiro

J'ai toujours eu très peur des photographes : ils nous demandent de ne plus bouger, nous examinent, nous tournent autour, s'approchent, s'éloignent, à demi cachés par leur affreuse orbite mécanique et myope dont la paupière cligne de temps à autre, ils me demandent d'être naturel, braquent sur moi leur appareil

(pendu à leur cou, un second appareil me fixe en se balançant sur leur ventre)

soudain un déclic et me voilà happé, l'orbite mécanique m'a avalé, et je me retrouve, comme les morts, figé sur un carré de papier où je découvre, sans le reconnaître, mon visage hors du temps, orné d'un sourire qui n'appartient à personne

(je ne souris pas comme ça)

un sourire qui me cache et m'affuble comme une fausse moustache, impossible d'être naturel, impossible d'échapper à ce hochement, à cette moue, à cette attitude qui vous pétrifient, personne, nul vivant n'est ainsi, cet air sérieux déguisé sous un masque de gaieté, cet homme plus vieux que moi

(toujours plus vieux que moi)

qui me révèle un avenir insoupçonné, à la fin de la séance ce n'est plus à moi que l'on parle, mais à mon ombre, à tout ce qui fut obscurément épargné par l'œil mécanique, à un résidu inutile, à un débris abandonné sur le sable par la marée, je me demande

— Et maintenant ?

ou plutôt

— Comment continuer maintenant ?

comment continuer maintenant qu'on m'a tout pris, maintenant que je vis dans un album, dans un tiroir, dans un cadre contre un mur, je ne me lève plus, ne m'assieds plus, ne réponds plus, ne suis plus, je me suis transformé en un être qui m'est inconnu

(mais qui ?)

planté dans un décor indécis, des arbres certainement en carton puisque aucun vent ne les anime, des murs de maisons inhabitées, peuplées de fantômes aux contours vagues

lointains

qui me ramènent au temps de mon enfance, où l'on me désignait un monsieur sur la commode, en uniforme, brun, avec une médaille, une moustache

— Ton arrière-grand-père

qui me fixait à travers des décennies et des décennies avec un étonnement démesuré, le même arrière-grand-père au Mozambique ou en Inde, des pays irréels qui n'existaient que sur les cartes

(le Mozambique en rose, l'Inde en vert)

ou plutôt qui n'existeraient jamais, ma mère avait pour chacun de ses enfants un album de photos, et sur une page du mien, attachée avec un ruban, une mèche de cheveux en souvenir de mon premier anniversaire, le passé résumé à une mèche scotchée dans un album, de même à la fin de la séance, lorsque le photographe a rangé ses yeux mécaniques dans des mallettes et des sacs, après m'avoir traqué, dévoré, englouti, il ne reste que ça, un résidu inutile, une ombre, un débris abandonné par la marée, Nerval a écrit au dos d'une photo

Je suis l'autre

un autre mais où, quand, comment, et surtout quel autre, celui qui me représente ne me ressemble pas, ce n'est pas moi, je deviens un autre dès que je me vois, je suis mis au caveau de mon propre moi, le photographe ou plutôt son appareil

— Ne bougez plus maintenant, c'est parfait

mais j'ai beau ne plus bouger je me recroqueville intérieurement, et le photographe

— Décontractez-vous

le photographe

— Oubliez-moi, faites comme si je n'étais pas là

autrement dit

— Laissez-moi vous tuer

laissez ma paupière circulaire cligner et vous tuer, laissez-moi m'approcher, m'éloigner, vous tourner autour et vous tuer, vous dévorer, vous engloutir, vous réduire à un visage hors du temps, à un sourire qui n'appartient à personne, à un cliché sur une commode qui finira un jour dans un coffre relégué au grenier, parmi des vieilles robes, des boîtes à chapeaux, des chaises éventrées, jusqu'à ce qu'on vide le grenier et que tout soit revendu au poids à ces individus louches qui rachètent des rebuts et de la poussière pour les fourguer à des individus encore plus louches, insensibles aux allergies, raffolant de rebuts et de poussière, et je finirai arrière-grand-père de faux arrière-petits-enfants chez un quelconque antiquaire, aussi ne me demandez plus de ne pas bouger, cessez s'il vous plaît de m'épier, de me stimuler

— C'est parfait c'est parfait

ne me demandez plus de tourner mon buste vers la gauche et mon nez vers la droite, ne me suggérez plus d'allumer une cigarette ou de poser mon menton sur ma main, baissez ce doigt d'hypnotiseur de foire

— Concentrez-vous sur mon doigt

d'accord, je me concentre sur votre doigt, le clignement de paupière se déclenche et me voilà mort, il ne reste de moi que le tabouret où j'étais assis, la fenêtre et les immeubles derrière, la fumée d'une cigarette par terre, et peut-être un sourire semblable à une fausse moustache qui s'évanouit lentement dans la lumière du crépuscule.

Le spectre d'une ombre

Ces photos sur les étagères me parlent d'un passé que je ne reconnais pas, car j'ai toujours l'impression que c'est un autre qui séjourne dans ces cadres. Non seulement moi mais également ceux que j'ai aimés, et je me demande ce qu'ils font là, figés sous un verre, me fixant ou fixant le mur d'en face avec ce sourire qui nous vient une fois mort, un sourire qui annule le visage familier tout en l'éclairant, comme celui de mon grand-père à Luso, lors de son dernier été, contemplant par-delà les arbres et la pluie un avenir qui n'appartenait à aucun de nous : ni à lui, réduit qu'il était au maigre présent de deux mois de maladie, ni à moi car jamais je ne serais ce qu'il rêvait de me voir devenir. Mes réponses abruptes l'inquiétaient, mon caractère farouche, mon silence, l'intuition que je vivrais non pas selon une ligne continue, mais selon une trajectoire imprécise faite de caprices et de sautes d'humeur, dans l'espoir d'inventer une île d'absolu au milieu du chaos des jours, dépourvu des outils qu'à dix-sept ans je ne pouvais posséder et qu'à cinquante je ne suis toujours pas sûr de détenir. D'ailleurs, ce qui me passionne dans les photos ce sont les figures que l'objectif a saisies au hasard et qui m'observent du fond de la pellicule, plus nettes et présentes que nous, des dames en chapeau de paille, un enfant courant derrière les vagues un seau et une pelle à la main, un monsieur bedonnant lisant son journal sur une chaise longue. Je leur invente des noms, des biographies, des destins, je leur attribue des maisons

(moi qui le soir aime tant épier depuis la rue les salons éclairés, en m'imaginant à l'intérieur)

je noue et dénoue des parentés, des amitiés, des querelles, je les aide à se glisser, en les prenant par le bras, dans des quotidiens aussi lents que des dimanches, je les fais entrer dans ma famille, je les quitte et je recommence le lendemain quand je m'assieds à ma table pour m'atteler à mon roman, toujours en proie à l'angoisse d'écrire, accumulant des chapitres en me demandant à quoi bon. Plus le temps nous diminue, plus nous nous répétons

à quoi bon ?

plus le nombre de choses qui nous préoccupent ou nous intéressent se réduit. Suis-je moi aussi dans le coin d'une photo sur les étagères des autres, avec un nom également inventé, une biographie, un destin ? Un de ces touristes qui se prennent en photo à Lisbonne m'a sans doute emporté avec lui, et il est probable que je me trouve, en ce moment, dans un album de souvenirs en Finlande ou sur le mur de quelque petite ville des États-Unis, décorant, près d'une église ou d'une statue, l'existence d'une paroissienne extravagante. Quand quelqu'un leur demande

— Qui est celui-ci ?

que peuvent-ils bien répondre ? Peut-être s'approchent-ils, en chaussant leurs lunettes, pour mieux observer, secouent la tête, renoncent et m'abandonnent dans mon coin, fortuit, flou et secondaire, près d'une église ou d'une statue, dans un petit pavillon à Tampa Bay ou dans un grenier d'Helsinki, condamné à une immobilité perpétuelle en compagnie d'un monument que, peut-être, je déteste. Mais ça ne me déplaît pas l'idée d'exister dans un autre lieu, comme ornement du paysage ou souvenir d'un safari en pays pauvre, jusqu'à finir dans un de ces cartons où l'on accumule les choses inutiles et les amours défuntes. Un jour quelqu'un placera le carton sur le bord du trottoir, et un camion municipal, efficace et ponctuel

(la Finlande comme les États-Unis sont des pays propres)

m'emportera, mêlé à des bouteilles vides, des guirlandes de Noël et des animaux en peluche, vers une usine de recyclage d'où je ressortirai sous la forme d'un bonhomme de neige miniature ou d'une statue de la Liberté en plastique, vendu comme souvenir à ces Japonais minutieux et souriants qui vivent dans des maisons en papier et se déplacent à petits pas minuscules de poupée mécanique. De sorte que si un Japonais demande à un autre Japonais

— Qu'est-ce que c'est ?

tous deux tourneront leur regard vers ma table, là où je suis assis, et ils y verront un homme dont le stylo hésitant achève cette chronique.

Une vieille chronique que je croyais perdue

Que je sache, il n'existe qu'un seul homme qui puisse s'envoler comme les personnages de Chagall. Par exemple : il déjeune tranquillement, un chien surgit et voilà ses pieds au-dessus de la nappe

— Je déteste ces roquets je déteste ces roquets

qui naviguent dans l'huile d'olive de son plat de morue comme les violonistes du peintre à la dérive sur les toiles.

Par exemple : nous grimpons le soir l'escalier de la Bica, éclairé de chaque côté par les tavernes, moi titubant de fatigue à chaque marche tandis que José Cardoso Pires flotte autour de moi tel un ange à lunettes, avec des amants enlacés imprimés sur son blouson, en me parlant d'Antonioni et de Godard comme de lointains cousins.

Et il y a les bars, les tristes bars de Lisbonne, tumulaires et désespérés, que la flamme jaune des briquets ranime comme des bougies, une flamme jaune réfractée par les glaçons au fond des verres, qui allume une cigarette américaine à Hemingway et à Fitzgerald. Mais les autres corsaires sont également là : Artur Semedo cachant son ironie de capitaine

Blood fan de Benfica derrière une fine moustache, Dinis Machado toujours armé de son innocence perpétuelle, toujours élégant avec ses chaussures à la George Raft ; et moi, le dernier et le plus ahuri de la bande, muet, le nez dans le verre vide d'une eau gazeuse.

Quand la nuit tombe, le corps de José Cardoso Pires se met à revivre, familier des barmen et de l'étrange labyrinthe que devient Lisbonne, jalonnée de fontaines et de policiers qui ont perdu depuis longtemps la faculté de sourire. Les arbres s'égouttent en ombres sur le trottoir, les immeubles se regroupent, comme les moutons, pour s'endormir, les uns sur les autres, balcon contre balcon. George Raft reboutonne son pardessus. Le capitaine Blood, l'œil plongé dans de lointains souvenirs, s'arrête sur un gant noir, sur l'insigne du collège militaire où il a donné du fil à retordre aux lieutenants. Et moi, je siffle un deuxième verre d'eau gazeuse, tandis que José lève ses deux mains pour se lancer à travers l'air enfumé dans une évocation de Jack Nicholson.

À deux heures du matin, quand les rides charitablement effacées par l'absence du soleil font de nous un groupe d'adolescents attendant la première communion d'une nouvelle bouteille, et que les serveurs se mettent à circuler entre les tables avec la diligence des bigotes qui sont chargées de la quête, animés par le zèle chrétien de la cirrhose, nous sortons sous la rumeur des stores claquants dans les rues de Lisbonne, Dinis cache son revolver sous un imposant pardessus, Artur, corsaire à col blanc, bouillonne d'idées au point que sa moustache en frémit, moi, après mon eau gazeuse, je rote au coin des rues, et

José, granit aérien, sort de ses poches une bouteille pour nous inviter à une dernière tournée.

Il est le seul à pouvoir survoler les mâchoires des camions des éboueurs et les cauchemars des copistes, embarquant sur le nuage d'une Renault blanche qui disparaît en tremblant, au-dessus des toits, vers les feuilles de papier A4 qui sont les draps où nous finissons par nous coucher, remplissant de mots différés nos rectangles de papier. Mais plutôt que d'aller se coucher, emmailloté dans un dialogue entre deux personnages, José préfère, je crois, s'abandonner à la rumeur de la mer de Caparica et des arbres de São João de Brito. Et le lendemain, quand il se réveille en sursaut, entouré de mouettes, les effluves de vanille du vendeur de glaces de la plage de la Reine caressent ses narines. L'Invité de Job, mon ami.

Je vous jure que je dis la vérité

Ce n'est pas quand il pleut. Mais quand le soleil, par timidité, se voile sous la cellophane d'un ciel gris et sec où s'impriment à l'envers les cheminées et les arbres

(il y a des centaines de soleils identiques à celui-ci dans les épiceries, sur les étiquettes collées aux oranges)

c'est lorsqu'on lève son nez d'un air hésitant, dois-je ou non prendre mon imperméable, c'est lorsqu'on a déjà refermé la porte derrière soi et qu'elle s'ouvre de nouveau, c'est lorsque notre femme surgit sur le paillasson

— N'oublie pas ton imperméable

et que l'on se retrouve avec un imperméable sur le bras, si bien qu'une fois dans la rue, on regarde avec haine le balcon de notre appartement

— Il ne va pas pleuvoir

car ce n'est pas quand il pleut, mais quand on regarde avec haine le balcon de notre appartement, sous un ciel gris et sec où le soleil apparaît comme une orange échappée d'une épicerie, que l'on découvre ces hommes en chapeau de paille qui se promènent dans les airs. Une dizaine de messieurs en chapeau de paille, vêtus comme ces aïeux des albums de photos qu'on relègue sur la plus haute étagère du débarras, derrière les confitures et un radiateur détraqué, des aïeux souriants ou solennels, qu'on n'a jamais vus sinon au cours de ce pique-nique, immobiles dans leur cliché déteint

(oncle Narciso, lieutenant Santos)

une dizaine de messieurs lents et compassés, qui se promènent dans les airs en se saluant

— Comment allez-vous oncle Narciso ?

— Comment allez-vous lieutenant Santos ?

allant de-ci, de-là, flottant dans le vide, avec leurs souliers vernis. Curieux que je sois le seul à les voir. Personne ne s'arrête pour les observer, personne ne s'y intéresse, personne ne remarque ces aïeux, moi seul, planté là comme une statue, contemple leurs saluts, leurs hochements de tête, le va-et-vient affairé avec lequel ils apparaissent et disparaissent au bord des toits

— Comment allez-vous lieutenant Santos ?

quelquefois ils roulent une cigarette, se demandent du feu les uns aux autres, bavardent gravement au sujet de maladies et de retraites, s'adossent contre une antenne de télévision pour observer la place, l'un d'eux, en lunettes noires, trébuche sur un oiseau, se redresse, reprend sa marche, je demande à ma femme

— Tu ne vois pas ?

ma femme, faisant comme si de rien n'était

— Je ne vois pas quoi ?

patient, je lui montre

— Ce monsieur là-bas, qui trébuche sur un oiseau

ma femme pose sa main sur mon front pour prendre ma température, regarde de nouveau

— Quel monsieur, Armando ?

me fixe avec un air soupçonneux, hoche la tête, regarde une dernière fois, reprend ma température, curieuse

— Tu as bien dormi, Armando ?

le matin elle sent le savon et le drap tiède, elle sent les déchets des rêves, le maquillage de la veille lui donne un aspect de mur où la mairie a mal effacé la propagande des partis, on voit encore écrit sur sa paupière droite

À BAS LES PATR

un lambeau d'affiche d'un dirigeant politique qui se décolle de sa joue

VOTEZ EDUARD

mais seuls moi et les messieurs en chapeau de paille le remarquons, celui aux lunettes noires me tend un mouchoir pour que je nettoie le dirigeant politique sur son visage, ma femme m'arrache le mouchoir des mains

— Où as-tu déniché ça, Armando ?

m'inventant des maîtresses, un mouchoir brodé d'un N

oncle Narciso

imprégné d'une vieille eau de Cologne, le monsieur aux lunettes noires inquiet

(ma pauvre mère disait toujours que l'oncle Narciso était constamment préoccupé par la famille)

— Qui est-elle, Armando ?

soupçonnant la veuve qui passe ses après-midi à lire des magazines au café, je lui explique que c'est l'un des messieurs au chapeau de paille qui m'a donné le mouchoir, je grimpe sur le tabouret dans l'intention de lui montrer l'album sur l'étagère du débarras, de chercher l'oncle Narciso parmi des anniversaires, des farces, des guêtres

— Ce n'est pas une femme c'est mon oncle Narciso

mais la photo de l'oncle Narciso n'est plus à sa place, quelqu'un a pris l'oncle Narciso, il reste une trace de colle et un fragment de pellicule, j'interroge

— Où est passé l'oncle Narciso ?

ma femme qui tourne et retourne le mouchoir

— Ne détourne pas la conversation, Armando

s'attarde sur une trace de rouge à lèvres de la même teinte que celui de la veuve

(ma pauvre mère disait toujours que l'unique défaut de l'oncle Narciso était d'être un peu efféminé, elle disait toujours, en caressant sa photo du bout de son doigt

— Un cœur en or mais un peu efféminé)

j'ai essayé de convaincre ma femme

— L'oncle Narciso avait un cœur en or mais un peu efféminé

tandis qu'elle faisait sa valise dans la chambre, tandis qu'elle refoulait une larme avec sa main, qu'elle s'attardait sur le palier, avant de disparaître dans l'escalier, et qu'elle me jetait le mouchoir à la figure, sans ma femme la maison est devenue plus grande, le salon, la chambre, la cuisine, le balcon, surtout la balcon avec son pot de géraniums, et derrière, le ciel gris et sec où s'impriment à l'envers les cheminées et les arbres, le soleil voilé de cellophane et l'oncle Narciso, en chapeau de paille, qui me réclame son mouchoir avant de repartir en trébuchant sur les oiseaux.

Hôtel Mailberger Hof

La chambre était grande, avec des copies de maîtres dans des cadres en bois sculpté. Des meubles imitation Empire, deux petites bouteilles de Sankt Leopold sur un napperon carré. Le lit lui parut trop grand, comme s'il avait servi la nuit précédente à la veillée d'un illustre cadavre. Il crut d'ailleurs voir un monsieur en chaussures vernies allongé sur le couvre-lit, un crucifix entre ses doigts et le visage recouvert d'un mouchoir. Depuis la fenêtre, on voyait Annagasse, une rue piétonne avec un restaurant napolitain à trente mètres. Lorsqu'il regarda de nouveau vers le lit, après avoir fermé la fenêtre donnant sur Annagasse, le monsieur aux chaussures vernies avait disparu. Mais sur le couvre-lit, l'empreinte de son corps était toujours là. Il prit le stylo près de la bouteille de vin et se mit à remplir la fiche du petit déjeuner, percée d'un trou pour être accrochée à la poignée de la porte. À cause du mort, il hésita à commander pour deux personnes au lieu d'une. Il opta pour une solution intermédiaire en demandant 2 Eier im Glas : trente xelins, ce n'est pas cher. En outre, les Autrichiens sont des gens aimables : une affichette disait Wir sind immer zu Ihren Diensten

(nous sommes toujours à votre disposition)

et la réceptionniste, aux yeux maquillés derrière ses lunettes, lui a fait un joli sourire en lui donnant le plan de Vienne. Wien. Une ville inodore et aérienne, qui lui rappelait vaguement Paris mais en plus légère, plus douce, plus intime. La texture laiteuse de la peau des jeunes Viennoises l'exaltait, surtout quand leurs rires éclataient comme des tasses en porcelaine. Il remplit la fiche du petit déjeuner, l'accrocha à la poignée extérieure de la porte, avant de songer à se coucher : le souvenir du défunt en chaussures vernies le retint. Il s'affala dans un fauteuil devant une télévision captant trente-six chaînes. Il coupa le son par respect pour le mort. La première petite bouteille de Sankt Leopold, avec le dessin d'un palais sur l'étiquette, lui fit un tel effet de bain de bouche qu'il ne décapsula pas la seconde. Le téléphone présentait cet aspect silencieusement menaçant qu'ont les objets bruyants quand ils se tiennent muets. Le réveil électrique aux chiffres rouges affichait 2234. Une Vierge aux paupières baissées enlaçait l'Enfant Jésus et un ange potelé voltigeait sur un fond de branches fantômes et de ciel d'orage. Il compta les orteils de l'Enfant Jésus et de l'ange potelé, déçu que le compte y soit. Bien que seulement âgé de trois ou quatre ans, l'ange souffrait déjà de cors aux pieds. Ce devait être un mal apprécié à l'époque du peintre. Lorsqu'il tourna la tête vers la gauche, il se vit dans la glace de l'armoire. Il en profita pour se mettre de profil et mesurer son ventre. Il serra sa ceinture d'un cran et de nouveau s'examina.

Outre son ventre, il s'irrita contre le fait que sa chemise jurait avec sa cravate et que sa chemise et sa cravate juraient avec son pantalon. Il se trouva trop vieux. Le réveil passa de 2234 à 2243 sans qu'il s'en rende compte. Non : 2244. Il chercha le menu illustré d'une photo de légumes divers, und so gesund, d'un poivrier et d'un saucier, il parcourut les pages, arriva à Rahmgulash, avant d'abandonner. Rahmgulash mit Serviettenknödell. Il reposa le menu près de la lampe et le réveil, implacable : 2249. Il souhaita, sans savoir pourquoi, qu'il y eût une bible sur sa table de chevet. Il n'y en avait pas. Il se consola en lisant les consignes en cas d'incendie, illustrées par des dessins. Le dernier montrait une femme allongée qui fumait, sa cigarette barrée d'une croix rouge : Rauchen Sie bitte nicht im Bett. Il jeta un œil sur le couvre-lit : le monsieur, grave, respectueux des consignes, ne fumait pas. Peut-être que s'il lui avait ôté le mouchoir du visage... Il l'ôta. Ou plutôt il eut l'intention de le lui ôter, mais au moment de passer à l'acte le couvre-lit était désert. 2255. Des scènes champêtres en noir et blanc sur deux gravures près de la salle de bains. Sur celle de gauche, un couple de chasseurs le fusil à l'épaule, au milieu d'arbres géants. En arrière-plan un bâtiment qui avait l'air abandonné. Sur la gravure de droite, le même bâtiment sous un autre point de vue, les mêmes arbres, des personnages clairsemés. Les deux portaient le même titre : *Promenade publique de Vienne*, en caractères alambiqués. Peut-être que Vienne fut une sorte de domaine en 1779, car sous le titre on pouvait lire : dessinée d'après nature par Laurent Janfcha, élève du célèbre professeur Brand, dont la célébrité avait dû s'éteindre en 1780. Ou 1781. Il prit note de son nom pour ne pas oublier de demander à la réception des informations sur le professeur Brand, pour qui la Promenade publique de Vienne prenait des allures de paysage champêtre. La réceptionniste aux yeux maquillés derrière ses lunettes l'éclairerait avec un air didactique de bibliothécaire, avant qu'il ne sorte faire une promenade en tram jusqu'au centre-ville. Avec un peu de chance, il croiserait les chasseurs le fusil à l'épaule. Il ne comprenait pas non plus pourquoi le savon de la salle de bains s'appelait Ginkgo Classic. Il essaya le Ginkgo Classic et ses mains en gardèrent une odeur de cèdre. D'ailleurs, il y avait le dessin d'un cèdre sur le Ginkgo Classic. Il découvrit également huit faunes sur le mur, juchés sur des rochers bleus. Si la sortie est enfumée, fermez la porte et restez dans votre chambre. Demandez de l'aide depuis la fenêtre. Attendez l'arrivée des pompiers. (Sollte der Fluchtweg durch Rauch versperrt sein : Tür schliessen, im Zimmer bleiben. Am Fenster bemerkbar machen. Feuerwehr abwarten.) Qui pourrait se préoccuper de la chambre 329 ? À propos de 329, le réveil électrique : 2327. L'Enfant Jésus et l'ange potelé arboraient cinq orteils à chaque pied. En comptant ceux des faunes, cent orteils pour ne parler que des pieds. Il prit le décapsuleur pour ouvrir la seconde bouteille. Elle avait aussi un goût de bain de bouche, mais elle atténua son angoisse de mourir.

Une sirène de corail sur le Tage

Lorsque j'ai entendu ma mère me dire

— Carlos

j'ai cru qu'elle s'adressait à un autre. J'étais assis sur le canapé avec mon journal, blotti dans le creux, plus grand que mon corps, laissé par mon père à sa mort. Quand j'approche mon nez du tissu, je retrouve l'odeur de son tabac, mais lointaine, ténue, semblable à ces vagues relents que dégagent les flacons de parfum vides au fil des ans. Chez nous, dans une armoire, nous avons une boîte à chaussures remplie de ces flacons, tous différents, n'ayant en commun que ce vague arôme de violette qui se dissout dans le nez, mêlé à des souvenirs confus, fugitifs

les souvenirs se dissolvent dans la tête

d'anniversaires, de baptêmes, ce mariage où l'on m'a servi du vin et aussitôt le plancher s'est mis à tanguer comme celui d'un bateau, propice au mal de mer et à la découverte du Brésil. Ce jour-là, mon père portait une cravate couleur perle, avec une épingle ornée d'une sirène de corail. Ma mère a insisté pour que je la porte

— Mets la sirène, Carlos

dans l'espoir de ressusciter l'enfer paisible qu'était devenue leur vie : le fait que toutes les arêtes finissaient dans l'assiette de mon père lorsque nous mangions du poisson ne me semblait pas tout à fait un hasard. Mon père les extrayait une par une en les levant à la lumière pour les fixer dans un silence cancéreux. Quelques années après, le cancer sortit du silence pour rejoindre son pancréas qui devint lui-même un amas d'arêtes. Mon père remit sa cravate couleur perle, mais ce n'est pas lui qui en fit le nœud. J'ai cherché des yeux la jeune mariée. Je ne l'ai pas trouvée : tous les invités étaient vêtus de noir et ma mère passa la nuit à se moucher. Sa tombe, le numéro 321. Il y a un petit pot en marbre pour les fleurs. De temps en temps nous lui apportons des roses et ma mère se remet à se moucher, mais moins, un reniflement discret par-ci, par-là, tandis qu'elle balaie le 321 d'un coup de plumeau hâtif, car nous habitons loin et le déjeuner est long à préparer. La sirène n'a pas rejoint ma poitrine : en revanche les arêtes finissent à présent dans mon assiette. Jusqu'à maintenant mon pancréas n'a pas donné l'alarme, peut-être parce que mes silences sont moins cancéreux que ceux de mon père. J'attribue cela au fait d'être célibataire.

Nous vivons dans un vieil immeuble de la ville, dans la partie basse, près du fleuve, et devant la fenêtre les mouettes se mêlent aux pigeons. Ils crient de faim toute la sainte journée, traquant les taches de fioul laissées par les chalutiers. C'est pourquoi ma première réaction quand ma mère a dit

— Carlos

fut de croire que les mouettes connaissaient mon

nom. J'ai regardé par la fenêtre et comme il n'y en avait aucune et que ma mère était légèrement enrhumée, j'ai pensé

— C'est peut-être elle dans la véranda

et je l'ai découverte devant la table à repasser, dans son peignoir du dimanche, noir avec des dragons. Les dragons ouvrent la gueule pour cracher du feu. Ma mère ouvrait sa bouche également, mais ne crachait aucune flamme. Elle disait

— Carlos

et elle a continué à dire

— Carlos

d'une voix toujours plus basse. Je me souviens qu'elle était en train de repasser une taie d'oreiller. J'entends encore sa voix qui faiblissait, aussi violette que les relents des flacons de parfum vides. Puis son peignoir s'est affalé. Son visage également. Tombe numéro 877. Je ne me suis presque pas mouché. Je mens : je ne me suis pas du tout mouché, tout comme je ne renifle pas quand je vais lui rendre visite. Ma fiancée me trouve insensible. Du moins c'est ce qu'elle dit quand je ne pleure pas pendant les films. Elle dort ici le vendredi et me passe l'aspirateur.

Je crois que c'est tout : ma vie est simple et je ne mange plus de poisson. Je prends une pomme dans la cuisine quand je rentre du travail, je jette un œil

que jeter d'autre qu'un œil

à mon journal, je m'ennuie un moment, vais me coucher. Avant de m'endormir je fixe le plafond, où le lustre en verre, en forme de tulipe, distille une lumière tamisée. Le vendredi, comme je ne suis pas seul, j'accorde moins d'attention à la tulipe pour faire croire à ma fiancée que je lui en accorde à elle. Elle s'appelle Berenice, un nom qui ne va pas bien aux grosses. Dália, par exemple, conviendrait mieux. J'ai essayé

— Dália

mais ma fiancée, aussitôt

— Qui c'est Dália ?

morte de jalousie. J'aimerais lui expliquer

— Tu devrais t'appeler Dália

mais, comme la vie m'a appris que les gens sont susceptibles, je me tais. Je reste silencieux une bonne demi-heure jusqu'à ce que soudain elle me secoue l'épaule

— Qui c'est Dália ?

en traquant des cheveux sur ma veste, comme si sur un cheveu était imprimé le nom du propriétaire. Elle n'en a jamais trouvé un seul car je suis un homme fidèle. Pour l'anniversaire de Berenice, je lui ferai cadeau de la sirène, pour peu qu'elle revienne vendredi : avec une fiancée, on ne sait jamais. Lorsque je croise son père, il me demande toujours

— Alors quand est-ce que vous vous décidez, monsieur Carlos ?

et je lui réponds toujours que j'y pense sérieusement. C'est que l'air de rien je vais sur mes cinquante-sept ans et le médecin me harcèle à cause de mon diabète. Je ne veux pas que ma fiancée m'entende l'appeler

— Berenice

en croyant que les mouettes connaissent son nom. Je la vois déjà se moucher devant ma tombe. Numéro 1696. Ou 1697, je ne sais pas au juste. Mieux vaudrait pour moi informer son père que je suis décidé. On me servira du vin, le plancher se mettra à tanguer. Où peut-on acheter une cravate couleur perle ? Berenice, intriguée

— Pourquoi veux-tu une cravate couleur perle ?

alors moi

— Pour rien, n'y pensons plus

assis sur le canapé dans le creux de mon père. Quand j'approche mon nez du tissu, je retrouve l'odeur de son tabac. C'est curieux comme ces choses durent. Plus que nous, même. Berenice obstinée

— Pourquoi veux-tu une cravate couleur perle, dis-le-moi ?

et comme je ne réponds pas, elle se tait après m'avoir traité d'insensible. De mon côté, j'ai fermé les yeux et je crois voir une sirène de corail sur le fleuve. Ça fait du bien de songer à une sirène sous une tulipe en verre qui distille une lumière tamisée. Un moment de bonheur : les yeux fermés, je me vois embrasser la sirène. Il doit y avoir des sirènes plus grosses que d'autres, qui s'obstinent

— Qui c'est Dália ?

dans l'écume du Tage.

Comme si la rosée t'avait enlacée

Je ne sais pas ce que j'attends. Tu rentres, j'entends la porte s'ouvrir et se refermer, je vois ta tête à l'entrée du salon

— Salut

j'entends tes pas dans le couloir se diriger vers la cuisine ou la chambre, un store qui se baisse, un robinet ouvert, la porte d'une armoire, tu apparais de nouveau pour t'approcher de moi, t'asseoir dans le salon en poussant un soupir

— Alors ?

puis tu m'oublies, tu allumes la télévision, tu prends un magazine féminin dans le panier près du fauteuil, ton profil, avec des lunettes à présent, feuillette des horoscopes, des robes, des produits de beauté, tu te retournes en cornant la page

— Tu n'as pas faim ?

ta bouche sérieuse, tes yeux sérieux, ton collier mexicain

mexicain ?

de la même couleur que ton chemisier, tu enlèves ta boucle d'oreille pour répondre à ton portable par un

— Salut
différent du
— Salut
que tu m'as adressé, plus lent, plus tendre, enveloppé dans le ruban d'un sourire, il y a si longtemps que tu ne me souris plus ainsi, tu penches ton corps en arrière, ta main arrange tes cheveux comme si la voix que je n'entends pas pouvait te voir
— Demain, après-demain, mercredi
un homme je parie, je ne sais pas lequel ou je préfère ne pas le savoir, tes jambes qui se croisent
— Je te rappelle, d'accord ?
ton portable rangé dans ton sac, ton sourire effacé par ta bouche sérieuse, ton collier mexicain
— Tu ne m'as pas dit si tu avais faim
depuis combien de temps as-tu cessé de m'aimer, depuis combien de temps tout cela dure, tu te couches en premier, quand je rentre dans la chambre tu te réveilles une seconde
— Ça ne t'ennuie pas d'éteindre la lumière ?
pour ensuite te replonger dans ton oreiller le dos tourné, je me déshabille à la lumière des chiffres du réveil, le matelas remue et te réveille de nouveau
— Tu le fais exprès
au matin je trouve mes céréales posées sur un plateau et l'appartement vide, quelques gouttes sur le rideau de douche, ta brosse à dents humide près de la mienne sèche, ton absence si présente dans le magazine oublié sur le canapé, le bol de tes céréales dans l'évier avec la cuillère à l'intérieur, à moitié pleine d'une eau blanchâtre, une frange de tapis décousue par l'un de tes talons, ton collier mexicain
mexicain ?

sur la commode, quelle robe portes-tu aujourd'hui, quelle coiffure, quelles chaussures, avec qui vas-tu déjeuner, quand je demande à ma secrétaire d'appeler la tienne, celle-ci répond son épouse est sortie ou bien si tu es là

— Fais vite je suis débordée de travail

de sorte que je ne sais pas ce que j'attends. Les clefs de ma voiture à la main, je reste devant la salle de bains à contempler des gouttes sur le rideau de douche et à t'imaginer lorsque tu en sors avec une grande serviette nouée autour de la taille et une plus petite autour de la tête, ruisselante de petites larmes de vapeur comme si la rosée t'avait enlacée. J'imagine tes pieds sur le carrelage, ton dos, tes épaules, je m'installe au volant où je te sens près de moi nue, et peu à peu, à mesure que le parking de l'entreprise s'approche, une paix, un contentement, une exaltation d'amoureux. J'ai une photo de toi ici sur une étagère de livres, près de la médaille d'un tournoi de tennis et de la lettre du ministre encadrée, une photo prise voilà cinq ans environ, où tu me fais signe de la main, en lunettes noires, sur la plage. Nous avions l'habitude de dîner sur le balcon en chassant les moustiques, des dizaines de lanternes de bateaux scintillaient sur la mer. Peut-être étions-nous heureux alors. Nous avons certainement été heureux car les parois de notre cœur étaient si fines que nous pouvions tout entendre à travers elles.

Pour José Cardoso Pires, à l'oreille

Parfois il me faisait penser à un jeune délinquant évadé d'une maison de correction, d'autres fois à une souris perdue dans un gruyère, incapable de trouver les bons trous pour ressortir, presque toujours à un enfant qui noyait son angoisse dans l'ironie et les bars de nuit, où il buvait du whisky comme d'autres de la limonade, en parlant de littérature avec le sérieux dont les écoliers commentent les points décisifs d'une partie de billes. Un Américain affirmait avoir pitié des gens qui ne boivent pas parce qu'ils se réveillent chaque matin dans un état qui demeure le même tout le reste de la journée : dans ton cas, les matinées ont toujours été chaotiques, traversées de fantômes et de doutes, mais ces contradictions s'éclairaient lorsqu'on découvrait en toi un paresseux implacablement discipliné, un solitaire voué aux dévouements et à l'amitié, un sarcastique capable de la plus chaleureuse tendresse, un écrivain qui haussait les épaules devant ses propres livres et pour qui la dignité de l'œuvre d'art constituait le premier critère pour juger un roman. Sauf erreur, c'est André Gide qui disait n'aimer que les œuvres où l'auteur s'était presque tué en les écrivant, en vérité, ce vieux satyre chinois, coiffé d'invraisemblables chapeaux, aurait apprécié ton travail pour ce qu'il fut en réalité : une lutte indécise et douloureuse, une solitude orpheline que la famille des mots n'est jamais parvenue à consoler, comme la carte au jeu du bonneteau où l'on se fait toujours avoir, cachée sous le paragraphe qu'on n'a pas choisi et qu'il nous faut repousser à coups de stylo, chasser comme une bête têtue hors du champ de la page, car le secret ne consiste pas à écrire, mais à corriger et à ôter les costumes dont nous revêtons les statues de nos premières versions, immondes cravates d'adjectifs, casquettes de métaphores timorées, le mauvais goût des alpagas arborés par les P.-D.G. qui ne voudraient pas être Dieu parce qu'ils gagneraient moins. Bien souvent, je t'ai accusé de paresse alors que tu n'étais qu'un homme de scrupules torturé par son honnêteté, haïssant ce que Gautier appelait la « critique extasiée », contraint, par une rigueur absolue, à t'approcher toujours plus de ce noyau intime de la vie, constellé d'ombres et de recoins, que tes personnages nous révélaient l'air de rien, avec cette nonchalance contenue sans laquelle il n'est point d'élégance.

Mais je n'ai pas envie, quand je pense à toi, de parler littérature, moi qui n'accepte au Portugal aucune louange car je refuse à mon pays le droit de me juger. Ce n'est pas tant tes romans, tes contes, tes pièces de théâtre, qui me reviennent à l'esprit quand je pense à toi. Ce qui me revient en mémoire, Zé, c'est nous deux à une table de restaurant, toi avec un verre de vin, moi avec de l'eau ou une bière sans alcool

(j'ai pitié des gens qui ne boivent pas parce qu'ils se réveillent chaque matin dans un état qui demeure le même tout le reste de la journée)

c'est nous deux chez toi, ou chez moi, ou dans la rue, ou pendant les nombreux voyages que nous avons faits à l'étranger. En Galice, par exemple, le dernier, où durant huit heures de tempête, dans la voiture de Nelson, nous avons chanté en chœur des fados de mendiants aveugles et des boléros de cabarets disparus où les prostituées tricotaient, en balançant leurs doubles mentons, au rythme de la musique, dans l'attente de clients improbables. Je crois que je ne t'ai jamais vu aussi heureux, aussi gai, aussi touchant que durant cette semaine-là. Il faisait froid, il n'a pas cessé de pleuvoir et de venter, mais les fenêtres de nos chambres donnaient sur la mer, et une insouciance d'ange, vestige de notre adolescence, s'obstinait à nous habiter. Nous avons subi interviews, dîners, et prix avec une joie innocente, au rythme des tangos et des paso doble du bal des pompiers volontaires que nous étions les seuls à entendre. Nous marchions bras dessus, bras dessous, imperturbables, dans les cérémonies officielles, éberluant des lecteurs confondus qui attendaient de nous le sérieux amer du génie. En fin de soirée, nous nous retrouvions dans ma chambre pour récapituler la journée, avant de nous séparer en valsant vers des rêves d'enfant sans angoisses d'écrivain. Si je ne craignais pas d'offusquer ta pudeur, je t'avouerais que j'ai une photo de toi là, sur ma table. Au début, j'avais du mal à la regarder. Tu me manques, beaucoup plus que je ne l'aurais imaginé. Puis, peu à peu, j'ai examiné de plus près ton sourire, cet œil espiègle derrière tes lunettes, cette bouche rappelant celle de quelqu'un qui vient de jouer un mauvais tour à tous et se cache dans un coin en se moquant d'eux, et je me suis rappelé cet après-midi en Allemagne où, sentant que j'étais fatigué, tu m'as pris ma valise des mains, sans un mot, et tu l'as transportée devant moi. Dès lors, ce n'est plus un problème de te regarder : si ma valise me pesait de nouveau je sais que tu la porterais. C'est pourquoi, quand mon regard croise ta photo

(mon regard croise tous les jours ta photo)

j'arrange mon col, je tire sur les manchettes de ma chemise, je lisse mes cheveux, je me redresse, je gonfle ma poitrine

tu arranges ton col, tu tires sur les manchettes de ta chemise, tu lisses tes cheveux, tu te redresses, tu gonfles ta poitrine

et nous nous élançons tous deux, le long du couloir, en nous trémoussant au rythme d'un boléro, dans un caveau aux lampes rouges, avec un aveugle au piano et un autre à la contrebasse, vers les dames qui tricotent, jalousés par un public de clients invisibles.

L'assassinat de l'épouse de monsieur Sales raconté par lui-même

La maison n'existe plus et la rue a tellement changé que je ne l'ai pas reconnue : au lieu de pavillons des immeubles, une profusion de boutiques et de banques, plus un seul perroquet n'égaie les fenêtres basses. Une station-service là où se trouvait l'école, un magasin d'appareils électroménagers là où mon père tenait sa brocante. Mon père lui non plus n'existe plus, assis sur sa petite chaise de paille parmi des lavabos en émail et des matelas éventrés. Il avait l'habitude de passer ses après-midi, une cigarette éteinte derrière l'oreille, à se curer les dents sous la visière de sa casquette, plus ou moins là où se trouve à présent la troisième machine à laver en partant de la gauche, avec deux prix affichés dessus, l'un rayé d'une croix

Prix d'origine

et l'autre en plus gros

Offre spéciale

encadré en rouge. En admettant que la machine soit une petite chaise en paille, mon père serait alors l'Offre spéciale. Il manque juste sa chemise à rayures, sa veste à carreaux et ses chaussettes distendues, mais, si l'on regarde le symbole monétaire € comme son nez, les zéros de chaque côté deviennent ses petits yeux ronds d'ivrogne incurable, qui fixaient les passants, derrière la vitrine, avec une hargne avinée. Le plus grand frigo, le plus proche de nous, celui dont la porte ouverte laisse voir un poulet en plastique, se trouve plus ou moins là où ma mère se tenait à l'heure du dîner, à savoir à l'entrée de la cuisine où se dresse à présent un téléviseur panoramique

Occasion unique

si bien que le plus grand frigo pourrait crier à l'Offre spéciale

— Le dîner est prêt vieux poivrot.

Imaginez que les ventilateurs sur cette étagère soient les pots de fleurs sur le mur du jardin, que cette chaîne stéréo japonaise

pas la noire, celle aux enceintes rondes

soit ma grand-mère

la mère de ma mère

dont la bouche élastique pouvait avaler une boule entière de pain, et vous aurez une idée approximative du déroulement de nos soirées. L'élasticité de sa bouche me fascinait. Son minuscule visage, strié de rides concentriques, s'ouvrait soudain en une grotte de gencives garnies d'une seule incisive, longue et acérée, sa petite main maigre attrapait une boule dans la corbeille en osier, la grotte s'élargissait, la boule s'y engouffrait dans un vacarme de déglutition, glissait le long de son cou, ses rides concentriques s'apaisaient, sa petite main maigre regagnait ses genoux, et j'avais envie d'applaudir le tranquille cannibalisme de ce tour de passe-passe. Ma grand-mère ne parlait pas. Ou plutôt : je n'ai pas souvenir de l'avoir entendue prononcer une seule parole, sinon une demi-heure avant sa mort, pour dire à ma mère

— Je mangerais bien une miche de pain, Amélia

pour ensuite ajouter d'une voix étouffée par un morceau de croûte

— Je ne me sens pas très bien

affalée sur sa chaise, elle s'est replongée dans son silence, et le jour d'après nous suivions son cercueil le long d'une allée de caveaux. Une voisine a dit à mes parents, pleine d'admiration

— Personne ne mangeait du pain comme elle

et cette formule fut sans doute pour eux une source de réconfort. D'ailleurs, si mon père avait été un esprit entreprenant

comme ma mère l'a souvent répété

nous aurions pu gagner quelque argent en l'exhibant dans des foires. Une semaine après l'enterrement, la maison était encore pleine de boules de pain intactes que ma mère transforma en pain perdu : cela nous fit grossir, mon père dut faire un nouveau trou à sa ceinture. Ma mère se plaignait que ses jupes la serraient, quant à moi j'eus mon lot d'aigreurs

j'ai l'estomac fragile, mais le pain passe mieux après un petit verre de liqueur. Mon père non seulement a fait passer le pain mais il s'est mis à chanter. Jeune, il jouait de la clarinette dans un groupe et savait lire les ronds et les barres des notes. Je pense que c'est la seule qualité que ma mère ait jamais appréciée chez lui. Pendant des années, la clarinette a servi à caler un pied branlant du lit, si bien qu'au moment de m'endormir, je croyais souvent entendre une petite note plaintive. Mon père, grâce à sa capacité à déchiffrer les petits ronds, l'appelait *si* bémol. Je suppose que, durant ma conception, le lit s'est manifesté en une pluie de *si* bémol désaccordés. Au fil des années, les notes se sont faites rares. Quand j'ai quitté la maison, la clarinette ne poussait plus qu'un soupir, le jour de Noël, un soupir indécis, bref et rauque. Après la mort de mes parents, mon épouse et moi avons accroché la clarinette au mur pour décorer le salon. Elle fait très bien là, entre une assiette en faïence et une paire de petits sabots en verre. Si je perdais mon certificat de naissance, j'apporterais l'instrument à la mairie, je soufflerais dedans, le fonctionnaire la main en cornet sur l'oreille

— Votre *si* bémol bien sûr

et cinq minutes après je repartirais avec un nouveau certificat. En revanche, l'assiette en faïence et les petits sabots en verre n'attestent rien du tout. Ils appartenaient à la famille de ma femme, bien entendu. Sur l'assiette en faïence, Souvenir de Grândola, une moissonneuse non pas dans un champ de blé mais au milieu

ce qui est invraisemblable

d'un troupeau de moutons. J'en ai fait part à mon épouse, elle m'a répondu que les moissonneuses sont toujours au milieu des moutons à Grândola, j'ai haussé les épaules pour ne pas faire de scène. Depuis quelques mois, j'ai des envies de briser cette assiette, surtout depuis que ma femme s'est mise à fréquenter l'église des Douze Apôtres, où le Grand Apôtre lui a enseigné que le sexe était une porte ouverte sur l'enfer. C'est peut-être vrai. Cependant, la semaine dernière, je l'ai surprise au coin de la rue dans les bras du Grand Apôtre. Le Grand Apôtre, affublé d'une barbe et de sandales, m'a assuré que ce n'était qu'un baiser mystique, destiné à la sauver de ses péchés, et que s'il caressait son sein gauche, c'était uniquement pour purifier son cœur. Vous allez dire que j'exagère, mais je crois que les minutes du Souvenir de Grândola sont comptées. Et dans la foulée, pourquoi se gêner, les sabots en verre y passeront aussi. Et à son retour de l'église, mon épouse me découvrira dans le fauteuil, entouré de débris, un marteau à mes pieds, soufflant dans la clarinette de mon certificat de naissance le mot veuf.

C'est de ta main dont j'aurais besoin maintenant

C'est de ta main dont j'aurais besoin maintenant. Il y a des moments, tu sais, où je me sens fatigué par tous ces jours remplis de mots qui me fuient. Alors je pense à toi : Joana. Je me dis : Je vais te raconter quelque chose. Il y a quelque temps l'un de mes amis a perdu sa fille, un homme bon et généreux, meilleur que je ne l'ai jamais été. Sa douleur m'a bouleversé, un cimetière restera toujours un lieu sinistre. Après l'enterrement, j'ai regagné ma voiture. Beaucoup de gens le long des allées rejoignaient leurs voitures. Un petit cercueil blanc. Près de ces arbres qu'ensemble nous avons contemplés il y a deux ans, tu te souviens ? J'ai pris congé des personnes présentes un peu au hasard, sans sentir les doigts que je serrais : les gens ont tant de doigts. Je ne sais plus pourquoi, mais j'ai ouvert le coffre de la voiture. Dedans, tes affaires rapatriées d'Espagne : des blouses, des papiers, toutes ces choses inutiles que tu ne cesses d'entasser. J'ai pris l'une de tes blouses, je l'ai embrassée. Et j'ai fondu en larmes comme un enfant, la tête fourrée dans le coffre pour ne pas être vu. Puis j'ai essuyé mon nez sur ma manche je n'ai jamais perdu l'habitude d'essuyer mon nez sur ma manche

j'ai ravalé mon chagrin et je suis parti. Chaque fois que je monte dans cette voiture, je pense à toi. Je pense à toi tout le temps, mais davantage quand je suis dans la voiture. Je pense à toi et à Malanje où tu as vu le jour, sous les manguiers qui au fond de mes fibres continuent de frémir.

C'est de ta main dont j'aurais besoin maintenant. Il y a des moments où j'en ai assez d'être un homme : tout est si lourd, absurde et fastidieux. Je m'efforce de garder courage, mais des choses me blessent parfois, des idées qui s'enfoncent en moi comme des échardes. Je ne peux pas les retirer avec une simple pince : elles sont comme enracinées. C'est alors que notre visage commence à s'user et que

paraît-il

nous vieillissons. Tu sais, j'ai besoin de très peu de choses aujourd'hui : quelques livres, mon travail d'écriture, et des amis qui avec le temps disparaissent, sont restés en arrière, je ne sais où. Ma grand-mère disait que j'étais celui qui l'avait fait le plus pleurer. Je ne l'ai jamais crue. Elle, si autoritaire, capricieuse, séductrice : mais si douce avec moi ! Nous jouions à qui des deux prendrait le dessus sur l'autre : nous étions à peu près à égalité

(tu sais combien j'ai horreur de perdre)

et là-dessus elle est morte. Je me souviens d'être sorti de chez elle et d'être allé déjeuner à la brasserie. Je n'avais pas encore eu le temps de sentir son absence. J'ai demandé le journal sportif au serveur.

Quand je suis rentré, je l'ai trouvée habillée, étendue sur le lit.

À présent nous sommes en novembre et j'ai froid, je piétine sur un roman qui ne me plaît pas. Ce que j'écris ne me satisfait jamais, le roman en chantier me semble toujours le plus difficile, je me sens terrassé par les mots. Des phrases extirpées comme des pierres d'un puits trop obscur. Des banalités qui m'irritent, si loin de ce que je souhaitais exprimer. Des chapitres qui me fuient, le plan du récit qui se disloque, sapé par les caprices de ma main : toujours elle m'échappe, improvise un passage invraisemblable, il me faut sans cesse la rappeler à l'ordre. Voilà peut-être pourquoi j'ai besoin de la tienne. Ou encore pour une autre raison : Bien que ne buvant pas, je me sens quelquefois aussi seul qu'un alcoolique. Mais je ne peux pas écrire sans cette solitude. L'ami dont la fille est morte s'appelle José Francisco. Quand il sourit, sa bouche semble sur le point de s'envoler. Ça me fait du bien. J'aurais aimé avoir un tel sourire. J'ai essayé devant la glace, en vain. Ma bouche s'est incurvée, mais mes yeux sont restés fixes, durs. J'ai cessé de sourire pour étaler sur mon visage de la mousse à raser, jusqu'à ne plus être qu'un nez et deux yeux. J'ai souri de nouveau et là mes yeux se sont égayés. Mon regard sérieux observait mes yeux amusés. J'ai cligné l'œil gauche et la glace le droit. Je me suis lavé la figure, j'ai éteint la lumière et suis sorti. Durant un instant, j'ai cru que je marchais à Malanje. Cette odeur de la terre, tenace, compacte et violente.

Il est tard. J'arrive à la fin de ma page, c'est fini. Je rebouche mon stylo, je pose les coudes sur la table et je reste là à fixer le mur. Je ne vais même pas relire ce texte, je vais l'envoyer tel quel. Je préfère fixer le mur, et me laisser imprégner lentement par l'essence des choses. Cette chaise, ce meuble, cette petite tache de cendre par terre, mes mains glacées qui terminent cette chronique. Demain, je t'appellerai peut-être. Ou bien je continuerai obstinément à ronger l'os de mon roman. Je me dis : Dussé-je y laisser ma peau, j'en viendrai à bout. J'ai commencé début octobre, et c'est encore loin d'être fini. J'aligne mes notes, je les classe avant de me mettre à écrire. Dussé-je y laisser ma peau, j'en viendrai à bout. Je relie la dernière phrase, et je m'y remets. Mais avant que je m'y remette, ça ne t'ennuierait pas de retirer tes blouses de la voiture ? Et de me donner la main, juste un moment ?

Tu y penses, à demain ?

Je suis à Paris, au sixième étage d'un hôtel. Il est onze heures et demie du matin, et je viens de boucler un nouveau chapitre de mon roman, mais je reste assis à cette table à regarder par la fenêtre la pluie tomber et les arbres sans feuilles. Mon otite me fait mal, je prends des antibiotiques, je prends mes gouttes, mais la fièvre me donne l'impression d'être un troupeau de dindes à Noël, ces dindes de mon enfance que des hommes armés d'un bâton aiguillaient le long de la rue, ces dindes qui cherchaient toujours à se dérober, à fuir, pour finalement revenir en couinant. Je n'entends rien sinon des battements de sang dans ma tête, j'ai allumé la télé, comme toujours quand j'écris, pour me tenir compagnie et pour avoir l'heure car je ne porte jamais de montre. Nu et emmailloté dans une serviette, je ressemble à l'Enfant Jésus d'une crèche invisible. La Sainte Vierge, saint Joseph, le bœuf et l'âne sont absents. Hier, j'ai dîné avec quelques Rois mages de l'édition : mon éditeur français, mon éditeur grec, mon éditeur italien, mon ex-éditeur allemand, quelques écrivains, quelques journalistes et plusieurs autres personnes sans doute du même milieu. Dès que je l'ai pu, je suis rentré en prétextant que je devais prendre mon antibiotique. En vérité, je voulais être seul pour rassembler mes pensées éparses, lire les lettres de Flannery O'Connor, achetées à Village Voice, une petite librairie américaine rue Princesse, qui aujourd'hui est pour moi l'équivalent du Paraíso de Benfica de mon enfance, où un compte ouvert par ma grand-mère chérie me permettait de m'empiffrer de tous les gâteaux que je souhaitais. Dommage qu'elle ne m'ait pas ouvert un compte à Village Voice. Dieu merci quand je paie en francs, je n'ai pas l'impression de dépenser de l'argent : comme s'il s'agissait de billets de Monopoly, dont on se débarrasse avec une insouciance d'enfant. Grâce à ces faux billets, j'ai pu récolter quatre piles de livres posées là, devant moi, sur cette table ronde, presque jaune, où sont également posés mes coudes et mes clefs. Ma fièvre n'est visiblement pas tombée : dans ma tête, les dindes continuent à s'éparpiller, les globules de mon sang doivent ressembler aux ampoules clignotantes d'une façade de cinéma. J'ai l'impression que ma bouche s'allonge, que mes lèvres sont aussi grosses que des steaks. Par la fenêtre, je devine la maison d'André Gide. Quelques immeubles plus loin, celle d'Alphonse Daudet, fréquentée par Proust. Nous sommes dimanche, pas un souffle de vent, rien que de grands nuages gris, impassibles. Bien que j'entretienne une relation compliquée avec mon pays, je ne saurais vivre loin du Portugal. Les globules de mon sang continuent à clignoter et clignoter. Si ma grand-mère chérie était ici, elle me prendrait la main.

Une employée africaine, énorme, est venue reprendre le plateau du petit déjeuner. Malgré son tablier et ses chaussons, le balancement de ses hanches me ramène à l'Angola. C'est étrange, mais avec le temps il m'arrive de penser que j'ai été heureux pendant la guerre. En y réfléchissant, on souffrait comme des damnés là-bas, mais l'éloignement adoucit toujours tout. Tandis que j'écrivais cette dernière phrase, l'hôtel a dû changer de place car les toits me semblent différents. Gris. En tuile ou en ardoise ? Peu importe.

La première fois que je me suis arrêté dans cette ville, ce fut lors d'un voyage à Padoue. J'avais sept ans. Les grandes personnes, gigantesques à cette époque, m'installaient sur une chaise où mes pieds ne touchaient plus terre. Le Louvre était comme la résidence secondaire de mes parents, plus grande et avec des cendriers. Ces cendriers m'intéressaient plus que les tableaux. Je me penchais dessus et tâchais de cracher juste dans le trou situé au fond de l'entonnoir métallique. Mon père parlait de peinture pendant que je préparais une nouvelle munition de salive en faisant mine de l'écouter. Quand nous sommes revenus au Portugal, un de mes frères s'était cassé le bras. Aujourd'hui encore, je l'admire pour ça. Lundi, je prends l'avion pour Strasbourg où m'attend une signature. Je plongerai mon nez dans les livres et signerai. Sous l'effet de la fièvre, mes mains s'allongent également. Je suis un être dont certains membres sont gigantesques et d'autres tout petits. Mes jambes sont minuscules, par exemple. Je me remets à regarder les toits gris, un sourire aux lèvres.

Avant de venir à Paris, j'ai prévu de dîner avec Dinis Machado. Nous habitions ensemble et écrivions dans la même pièce, chacun dans un coin, avec des litres d'eau gazeuse entre les deux. Le soir, j'allais chez Santini chercher des glaces, dotées de vertus pectorales selon Dinis. Nous interrompions nos romans pour déguster nos cornets au marasquin. Je revois l'éclat des fleurs dans le jardin plongé dans l'obscurité, à Alcoitão. Nous parlions de George Raft, de Saroyan et de José Maria Nicolau. Quand Dinis mettait son pardessus, j'avais l'impression que c'était pour cacher une mitraillette du temps de la prohibition, lorsqu'il fournissait tout Chicago en whisky de contrebande : les grands gangsters, comme chacun sait, adorent les glaces de chez Santini.

Où étions-nous demain, avec qui vivions-nous demain, qu'avions-nous décidé de notre sort demain ? Demain j'ai commencé à oublier aujourd'hui ? Demain nous nous promenions sur la plage du Poisson, à Cascais, vaguement assombris par les touristes étrangères, vaguement égayés ? Demain c'était en août. Demain ma grand-mère chérie m'a offert la bicyclette de mon oncle, à Nelas, où j'ai pédalé tout l'après-midi autour du châtaignier. Où j'ai joué au tennis contre le mur du garage. Demain j'ai trouvé ce caillou en mica qui aujourd'hui encore me fascine : il brillait tellement ! Je l'ai rangé dans la poche de mon short, mais je l'ai perdu depuis. Dans le bois de Zé Rebelo, les soupirs du vent. Le goût des mûres. Au loin, le mont Caramulo. Le train qui passait tout en bas, et ma grand-mère chérie :

— C'est le courrier de onze heures.

Des champs bleus. Des crépuscules bleus. Dans le garage, la table de ping-pong cassée, la chambre où nous dormions. Des mégots chipés dans le cendrier et fumés en cachette. Je toussais, j'avais la nausée, mais je me sentais un homme. Demain j'étais grand. Je me promène dans le jardin zoologique avec une fillette blonde que je tiens par la main. Zezinha. Tous deux plantés devant les girafes. Je serre tes doigts trois fois, tu serres les miens trois fois. Je serre tes doigts cinq fois, tu serres les miens cinq fois. Je serre tes doigts vingt-deux fois et je sais que tu es en train de compter car tu restes attentive, sans bouger. Demain nous avons passé une éternité, nos doigts entrelacés, devant les girafes, et tu as été mon bébé une nouvelle fois.

Ce pays a surtout besoin d'un gouvernement fort

Mon père étant mort quand j'avais six ans, c'est mon oncle qui s'est occupé de moi. Bien sûr j'ai continué à vivre avec ma mère, mais il venait tous les soirs, après son travail, pour vérifier mes devoirs d'école, m'interroger sur mes fréquentations et me demander si je fumais. Il m'obligeait à approcher ma bouche de son nez

— Pas trop près non plus

il traquait des brins de tabac dans les poches de ma veste, jetait un dernier œil désabusé sur mes dictées et mes copies

— Avec une écriture pareille que vas-tu devenir ?

il disait à ma mère

— À demain, Ofélia

et s'en allait en hochant la tête, car un enfant qui commence par tracer des voyelles tordues finira vite par cambrioler des boutiques armé d'un fusil et par aborder cavalièrement les passantes. Tous les samedis, après avoir déjeuné avec nous, il ordonnait à ma mère

— Débarrasse la table

il me priait d'apporter mon cahier, prenait mon

livre de lecture, posait son index sur un paragraphe au hasard

— Copie-moi cette page en t'appliquant

il suivait mes lettres en remuant les lèvres, huilées par le petit verre d'arbousier que ma mère lui offrait. Ma copie achevée, je la lui remettais, il s'abîmait alors dans une contemplation orthographique, brandissait ma prose en prenant le plafond à témoin

— A-t-on jamais vu un cancre pareil ?

ma mère, atterrée, me voyait déjà en cagoule, avec deux trous pour les yeux, criant dans une épicerie

— Par ici la caisse

mon oncle attisait ses craintes

— Attends-toi au pire, Ofélia

et comme ses prévisions sur mon avenir lui asséchaient le gosier, il terminait la bouteille. C'était un homme bon, et il aurait continué à l'être encore quelques années si un camion chargé de bouteilles de gaz ne s'était pas trompé de chemin, et n'était pas monté sur le trottoir pour s'arrêter contre le kiosque à journaux, magazines et eau-de-vie où mon oncle se cultivait avec une bonne petite gnôle de soixante-trois degrés. Comme il était de dos, il n'a pas pu voir les bouteilles de gaz. L'une d'elles a roulé jusqu'à la porte du boucher avec une chaussette de mon oncle accrochée à la poignée. C'est à peu près tout ce qu'il restait de lui. Ma mère, qui a toujours eu le sens de la famille, a conservé la chaussette dans un tiroir de la commode.

Quoi qu'il en soit mon oncle avait raison, et parfois je suis tenté de croire que son ivrognerie aiguisait son intelligence. Bien qu'ayant gardé sa chaussette ma mère n'a pas hérité heureusement

de sa sévérité ni de son esprit didactique, qui planent toujours sur notre maison dans une brume tenace d'arbousier, répétant

— A-t-on jamais vu un cancre pareil ?

dès que je m'approche de la bouteille. Pour échapper à la tentation de braquer une épicerie, je ne mets jamais le nez dehors. J'aide ma mère à faire le ménage et la lessive, je cuisine un peu lorsqu'elle a mal aux reins, et le soir nous regardons ensemble sa série brésilienne. La pension de mon père est modeste mais suffisante pour que nous nous en sortions, et comme je ne suis pas fumeur nous avons pu faire des économies, et ainsi transformer le balcon en une véranda tapissée de moquette et ornée d'une lanterne en laiton. Les voisines louent ma bonne conduite, car je ne cours pas les jupons. Parfois, elles me présentent une nièce ou une filleule, mais dès que celle-ci m'approche, la litanie de mon oncle

— Attends-toi au pire, Ofélia

m'empêche de lui tendre la main : je hoche la tête et m'assieds sur la chaise en osier de la véranda

aux vitres teintées

pour rester là à regarder une lanterne et une estampe que nous avons fait encadrer, sur laquelle une souris affublée en paysanne donne le bras à une souris affublée en soldat. Toutes deux ont des moustaches, mais la souris paysanne porte du rouge à lèvres et ses cils sont deux fois plus longs que ceux de la souris soldat. C'est précisément sous cette superbe estampe que la police a découvert mon corps ce matin. J'ignore si c'est ma mère qui a donné l'alerte. Je sais juste que le commissaire a trouvé suspect que je me sois bâillonné à l'aide d'une vieille chaussette avant de me trancher les veines avec un tesson de bouteille. Sur la chaise en osier gisait mon cahier d'école ouvert sur une copie que je n'ai pas pu, à mon grand regret, terminer à temps.

Sa main caressant tes cheveux

Au fil des ans, la mort nous devient plus familière. Non pas l'idée de la mort, ni la peur de la mort : sa réalité. Des êtres chers nous quittent et l'on se retrouve seul, brusquement amputé d'une partie de soi-même, l'âme éclopée. Comme si nous survivions non pas aux autres mais à nous-même, comme si notre passé se figeait en une chose étrangère : des scènes se diluent peu à peu, les souvenirs s'estompent, ce que nous étions ne nous parle plus, ce que nous sommes se rétrécit. L'ampleur de l'avenir d'autrefois se pétrifie en un présent étriqué. On ouvre la porte pour sortir, mais on se heurte à un mur. Notre sang charrie plus de deuils que de globules. Une analyse du taux de segmentation révélerait mon passé en suspens. Mais je refuse tout examen radiologique de peur de voir des arbres d'Afrique trembler sur la pellicule.

Aujourd'hui, dimanche, je vais rendre visite à ma tante. Ses yeux vides posés sur moi, ses mains, des racines sèches, friables. On dirait qu'elle redevient terre avant de retourner à la terre. Quelque chose de minéral, d'inerte, frappe ses gestes, et ses traits prennent la sévère gravité d'un silence qui m'accuse. De quoi ? Des paroles sans fard. Même chargées d'amour, elles m'accuseraient. Elle ne se plaint ni ne pleure. Pourtant l'oreiller où repose sa tête est une énorme larme. Dans l'ascenseur, son nom ne cesse de résonner en moi. J'essaie de me souvenir : la maison de mes grands-parents, la plage des Pommes, les bruits de mon enfance, les heures scandées par l'horloge bedonnante du salon. Elles continuent à retentir, imposantes. Jusqu'à finir par s'évanouir dans l'air, où ne flotte plus qu'un son lointain de piano qui bientôt expire également, condamnant le salon à une immense vacuité. Peut-être encore les pas de mon grand-père sifflotant dans l'escalier. Il me faisait des cocottes en papier, me dessinait des chevaux. Depuis novembre 1960, il ne dessine plus rien. Il se contente de rester là, dans un cadre, jeune, en uniforme, avec ses moustaches. Le matin, j'allais toujours le voir se raser avec une lame qui m'impressionnait. Le métayer enfermait les chiens dans le chenil. Il s'asseyait dans le jardin, en veste de lin.

Tout est sûrement comme avant, rien n'a changé, toutefois certains détails me tracassent. La propriété a été vendue, la population du village a triplé. Il n'y avait que quelques familles autrefois ! Je me cachais derrière un buisson pour fumer, les nuages glissaient au-dessus des feuillages. Pour pêcher les poissons rouges du bassin, j'utilisais un fil à coudre au bout duquel j'attachais une épingle à nourrice garnie d'une boulette de pain. Aucun n'a jamais mordu. Leurs petites bouches grignotaient la mie, puis ils replongeaient au fond de l'eau, en rapides mouvements de lames tranchantes. Sous les doigts de monsieur José, les fleurs s'ouvraient, splendides. As-tu oublié que chacune des statues dans la roseraie représentait une saison ? As-tu oublié les paupières transparentes des cochons ? Et le mois de juin où tout était vert, net, clair ? Et les piles de livres que tu apportais dans le jardin ? Et comment t'appelait-on en ce temps-là ? Quel António étais-tu ? Et tes premiers vers de mirliton, tu t'en souviens ? Et ton désir de devenir écrivain ? Ça te semblait si simple d'être écrivain, n'est-ce pas ? C'était aussi simple que de respirer.

Tu seras bientôt auprès de ta tante. Elle était la bonté même. Hier, alors que tu déjeunais dans le jardin de Príncipe Real, un pigeon, en prenant son essor, a frôlé ta tête au point de te décoiffer. C'est la première fois qu'un pigeon te frôle d'aussi près. Tu as senti ses pattes et ses ailes caresser ton front. Un de tes anciens patients, aujourd'hui vendeur de billets de loterie, aidait un cantonnier à ramasser les feuilles du jardin. Tu croises des touristes trop pâles qui t'adressent de timides sourires. L'hôpital où ta tante a été internée n'est plus très loin. Ce qui est loin, c'est toi : tu as neuf ans et tu entres dans la maternité où elle vient d'avoir son premier bébé. Sa main te caresse les cheveux. Ce geste, tu ne l'as pas oublié. Quoi qu'il advienne, tu ne l'oublieras jamais.

Un joyeux Noël

Ce Noël, nous l'avons fêté ici tous les deux, à la maison, avec les guirlandes sur le sapin qui ont clignoté toute la nuit. Le lendemain, nous avons jeté le sapin

(posé d'abord contre la porte près de la poubelle, puis fourré dans la benne à ordures où il a rejoint, parmi des bouteilles vides et des papiers cadeaux, d'autres résineux, comme lui sans étoile ni boules argentées)

mais les ampoules, liées par un fil électrique, nous les avons rangées dans une vieille boîte à chaussures, sur la plus haute étagère du débarras, là où meurent les choses inutiles

(un calorifère détraqué, l'anorak que je portais lorsque je me suis tordu la cheville, la photo de mon beau-père, des médicaments périmés)

et les guirlandes restent là, sans clignoter, jusqu'au prochain Noël. Pour les récupérer, ma femme apporte l'escabeau de la véranda

(que je tiens pour réfréner son penchant perfide aux oscillations)

craintivement elle grimpe les trois premières marches métalliques en me demandant

— Tiens-le bien

elle déplace le calorifère, l'anorak, la photo et les médicaments

(je ne sais pourquoi, les ampoules finissent toujours dans le coin le plus éloigné, là où agonisent des cafards sous de vieilles pantoufles poussiéreuses)

elle atteint finalement la boîte après d'interminables manœuvres ponctuées de jurons de poissarde, dont la crudité et la variété me surprennent toujours chez une femme habituellement calme et silencieuse, elle me tend Noël en exigeant que je l'attrape sans lâcher l'escabeau, ce qui est bougrement difficile, puis elle débite encore quelques insultes de poissarde avant de redescendre les marches à tâtons. Je la vois de dos avec nos Bonnes Fêtes sur les bras, décoiffée et exténuée, qui observe l'escabeau en jetant un dernier juron et en décrétant que désormais les décorations seront rangées dans le tiroir du buffet qui n'exige aucune performance d'alpiniste, je rapporte l'escabeau dans la véranda en égratignant les meubles, et comme le nouveau sapin est déjà planté dans son pot

(il ne soupçonne pas le destin de déchet qui l'attend)

il nous suffit de dérouler la guirlande aux ampoules colorées autour des branches, d'accrocher les boules argentées, de placer l'étoile au sommet et de brancher la prise pour que Noël se mette à clignoter avec une gaieté cadencée. En général, dès que j'introduis les deux petits cylindres métalliques dans la prise, une des ampoules explose, les fusibles sautent, et nous voilà dans le noir à buter l'un sur l'autre

(moi et une femme dont la capacité à jurer comme une poissarde augmente dans l'obscurité) à la recherche du compteur électrique. Une fois le compteur atteint à grand renfort d'allumettes qui nous brûlent les doigts et trouent la moquette

(la poissarde s'emballe toujours quand elle remarque la moquette trouée)

nous remettons le courant, examinons les ampoules une par une, resserrons les douilles qui nous semblent suspectes, puis craintivement nous reprenons la fiche, repoussons le canapé

(dans ces moments-là le canapé, généralement léger, s'obstine à peser des tonnes)

pour utiliser la prise, apparemment moins hostile, qui se trouve derrière, nous échangeons un regard d'encouragement, nous glissons les petits cylindres métalliques dans les trous et là tout l'immeuble disparaît dans un fracas. L'employé municipal, un voisin qui nous déteste cordialement, a invoqué une surcharge électrique, ce qui me semble exagéré concernant une guirlande que l'on peut ranger dans une boîte à chaussures, et nous a expliqué, par le biais d'un ouvrier à casquette expert en matière de résistances et d'ampères, que si nous voulions avoir « un Noël convenable » mieux valait débrancher toutes les machines, allumer pour le dîner des bougies romantiques au lieu du lustre, et nous envelopper dans des couvertures pour éviter une pneumonie carabinée. Si bien que nous disposons sur deux ou trois soucoupes deux ou trois bougies, dont la cire préfère s'égoutter hors des soucoupes, sur les commodes qu'il nous faut gratter au couteau non sans les rayer, et nous constellons le salon de petites flammes funèbres

(aux trous dans la moquette viennent s'ajouter des taches noires au plafond) ma femme apporte son châle, j'enfile mon pardessus, nous mangeons de la morue et échangeons des cadeaux devant l'arbre qui apparaît et disparaît au rythme de la guirlande et, à notre tour, nous apparaissons comme un couple de fantômes tantôt bleu tantôt rien, tantôt vert tantôt rien, tantôt jaune tantôt rien, mais quelle qu'en soit la couleur, nos silhouettes s'allongent fantasmagoriques et énormes, en projetant des ombres kilométriques sur le mur. Mon fantôme reçoit des gants en laine et un porteclefs, le fantôme de ma femme un collier de perles presque vraies et une balayette avec une petite pelle en cuivre pour ramasser les miettes sur la table. Après une demi-heure de silence glacé, l'un de nous suggère d'éteindre l'arbre, l'autre, invisible par intermittences, déclare qu'on ne peut pas parce qu'il faut respecter la tradition. Et nous finissons par nous coucher avec des gestes que le sapin teinte d'arcs-en-ciel, sans pouvoir dormir à cause de cette ferveur lumineuse qui transforme le quartier en un ventricule difforme aux systoles et diastoles électriques, tandis que les bougies fondent sur les soucoupes sous une fumée nauséabonde. Nous nous réveillons non pas dans un appartement, mais dans une prison turque après une mutinerie, sur les ruines de laquelle Noël clignote, impassible, avec son inaltérable gaieté, et nous nous servons de la balayette et de la petite pelle en cuivre pour ramasser les cadavres. Lorsque Amnesty International viendra enquêter sur nos crimes contre l'humanité, elle sera accueillie par une femme au collier de perles presque vraies et un homme en pardessus, bleus, puis verts, puis jaunes, avec un sapin innocent entre leurs mains.

Souvenir from Lisbon

Qu'ai-je bien pu perdre dans la Rua dos Baldaques ? Je la connais à peine

(il m'arrive d'y passer de temps en temps, en voiture)

pourtant, je ne sais pourquoi, nulle part ailleurs je ne ressens cette sensation d'absence, ce doute, ce désir de fourrer les mains dans mes poches pour les fouiller, ces doigts palpant fébrilement mon blouson, cette vague inquiétude, ce pressentiment qu'il me manque je ne sais quoi, peut-être pas des objets

(clefs, portefeuille, lunettes)

plutôt quelque chose au-delà de ces objets, ce que je devrais sentir mais que je n'éprouve pas, ce que j'aurais dû regarder et que je n'ai pas su voir, cette femme au balcon qui étend son linge sur une corde et dont les mains au-dessus de la tête semblent tenir une cruche invisible, non, ce n'est pas ça, ce n'est pas ça, ce petit vieux qui parle sur le trottoir à son chien aveugle

(j'ai toujours pensé que les aveugles aimaient les miroirs, qu'ils s'arrêtaient devant pour s'examiner de l'autre côté) donc ce petit vieux qui parle sur le trottoir à son chien aveugle, mais ce n'est pas non plus ça, je tourne à droite, la Rua dos Baldaques disparaît, finalement c'était peut-être cette dame au balcon, ou ce petit vieux, je reviens alors sur mes pas

(un papillon est resté trois jours sur le miroir de la coiffeuse de ma mère, le troisième jour il est tombé mort sur les flacons de parfum, c'était il y a bien longtemps, mais aujourd'hui encore je me demande si son reflet est mort avant lui)

je reviens alors sur mes pas, je remonte la rue, mais la femme a disparu du balcon, le petit vieux attend que son chien finisse de flairer un caniveau, les yeux embués du chien se posent un instant sur moi puis se détournent

(adieu, chien)

la Rua dos Baldaques semble boiter, avec son trottoir au soleil et l'autre à l'ombre elle me rappelle ces boiteux qui marchent avec des chaussures différentes

(le papillon sur la coiffeuse de ma mère faisait de temps en temps trembler ses ailes)

je remarque une petite boutique, qui pourrait aussi bien être un restaurant qu'une mercerie, où l'on distingue des ombres vagues et la musique d'une radio, sur un losange de ciel au-dessus des toits, on a dessiné un pigeon

deux pigeons

on a dessiné un pigeon au crayon de couleur, tout est en suspens, figé, même le linge sur la corde, un

deux pigeons, le second plus mal dessiné que le premier, tout est en suspens, figé, même le linge sur la corde, une atmosphère de carte postale

Souvenir From Lisbon

sur laquelle je pourrais écrire, avant de l'envoyer à ma famille, regardez comme Lisbonne est petite, pauvre et sans arbres, regardez cet homme là-bas, indiqué par une flèche, en quête de ce qu'il a perdu dans la Rua dos Baldaques, et aussi ce chien aveugle, et encore cette petite boutique qui pourrait aussi bien être un restaurant qu'une mercerie, et encore ce pigeon

ces deux pigeons

qui vont bientôt disparaître de la photo, on devine au loin les peupliers du cimetière, des frémissements parcourent les murs et ce ne sont pas des reflets du Tage, mais les larmes des anges pleureurs

Rua dos Baldaques, Lisbonne

regardez ce papillon gisant parmi des flacons de parfum, si vous lui touchiez les ailes, il resterait une poudre jaune sur vos doigts, ma mère l'a pris entre son pouce et son index, l'a laissé tomber dans le jardin, mais s'est étonnée que son reflet persiste dans le miroir, le petit vieux s'est détourné du chien aveugle pour la saluer

— Madame

en levant sa casquette d'un air respectueux, ma mère qui n'a jamais mis les pieds dans la Rua dos Baldaques l'a bien sûr ignoré

— Je ne vous vois pas, petit vieux

occupée qu'elle était à souffler sur son pouce et son index, à les frotter sur sa jupe, mais qui me dit que ce n'est pas ce papillon que j'ai perdu dans la Rua dos Baldaques, le parfum des flacons hantés par des soupirs de violettes mortes, j'appelle

— Maman

mais rien, j'appelle de nouveau

— Maman

et son visage se tourne, lentement, vers moi, se met à sourire, me demande

— C'est toi ?

pas une ride, pas un cheveu blanc, une bague que j'avais oubliée

— C'est toi ?

une mère plus jeune que moi

— Tu as tellement grandi

comme si elle allait me toucher, s'approcher de moi et me toucher, alors je m'éloigne très vite de la Rua dos Baldaques avant qu'elle m'appelle

— António

avant qu'elle me dise

— Tu as tellement grandi António

avant que sur cette carte postale

Souvenir From Lisbon

ne s'effacent les peupliers du cimetière, le Tage, les anges pleureurs, avant que les frémissements qui parcourent les murs de la Rua dos Baldaques deviennent les larmes de nostalgie du photographe.

Des yeux pleins d'enfance

Sept heures du soir, les arbres commencent à s'agiter sous la brise qui précède la tombée de la nuit. Je les vois là-haut, par la verrière de cet atelier : il bougent, se figent un moment, se remettent à bouger ; il existe également des mains qui agitent ainsi leurs doigts, sans but, à tâtons. Non pas cinq doigts : dix, quinze, vingt, plus encore. Dehors, les bruits changent de tonalité, les voix les plus proches se font lointaines, tandis que j'entends très nettement les plus éloignées, chaque inflexion, chaque syllabe, chaque voyelle. Un enfant saute à cloche-pied sur une marche, la femme de l'épicier transporte des cartons. Le boiteux du coin boit une eau-de-vie au comptoir minuscule, le petit doigt levé. Il tend son cou vers le verre, sa main posée sur sa cravate, ses lèvres s'approchent du bord comme pour le baiser. Entre deux gorgées, ses yeux parcourent l'étagère des pêches avec une lenteur morose, son pied bot en l'air, en attente. Il rentre chez lui en pilotant une trottinette invisible. L'enfant qui saute à cloche-pied l'imite, et le boiteux par un coin de sa moustache

— Va narguer ta mère, petit con

tandis que les arbres continuent à s'agiter. La semaine dernière, en entrant dans l'épicerie pour acheter des cigarettes, le boiteux a déclaré à la cantonade, en posant son verre de gnôle

— Moi aussi je suis papa

et l'épicier abondait dans son sens. Dès qu'ils m'ont remarqué, ils se sont tus en prenant un air offusqué. Les pêches sur l'étagère attendaient mon départ pour se remettre à causer. Elles aussi avaient peut-être des enfants. Parfois, je prends des chewing-gums dans l'espoir de moins fumer, la femme de l'épicier me prévient

— Les chewing-gums ont entraîné le diabète chez une de mes belles-sœurs

l'épicier la fait taire d'un regard, le boiteux me déteste parce que je donne toujours la moitié d'un diabète à l'enfant qui saute à cloche-pied sur la marche

— Ce petit con finira voleur de voitures.

À partir de vingt heures, quand on ne voit plus la brise agiter les arbres, la rue Gonçalves Crespo accueille une troupe de travelos et de catins. Ils et elles bavardent adossés aux voitures, rafistolent leurs bas avec un doigt humecté de salive, les passants se heurtent à leur parfum comme à un obstacle solide. Certaines catins ont des yeux pleins d'enfance sous leur maquillage. Des marques d'aiguilles sur leurs bras maigres qu'elles grattent sans arrêt, des chevilles qui vacillent sur leurs talons. Un chauffeur de taxi parlemente avec un travesti aux fesses à l'air et à la chevelure platine éblouissante. En y regardant mieux, aucune n'a les yeux pleins d'enfance sous le maquillage, c'est moi qui divague. Personne n'a des yeux de rien. Il y a seulement des yeux et voilà tout. Ceux qui m'observent dans la rue Gonçalves Crespo

ils ne m'observent pas, ils me jaugent

sont durs et secs. Du bois pourri de l'intérieur par la drogue, du bois chaque jour plus rongé. Ont-elles seulement eu une enfance ! L'enfance est un luxe lorsqu'on a eu le loisir d'en avoir une, une nostalgie transfiguratrice et paisible lorsqu'on n'a pas connu la faim. Un temps chimérique qu'on revit, mais qui n'a jamais existé. Seuls existaient des peurs, des Noëls, les adultes qui donnaient des ordres :

— Tiens-toi droit

— C'est la fourchette qui va à la bouche et non la bouche à la fourchette

— Attends que les grandes personnes soient servies.

Seules existaient les grandes personnes. Mais quand j'en devins une, je m'aperçus que nous n'étions que de pauvres créatures indécises. Le chauffeur de taxi crache consciencieusement, il semble intéressé par les fesses du travesti, hésite, se décide, hésite de nouveau : une pauvre créature indécise. L'espace d'un instant, la brise se souvient des arbres. Depuis longtemps l'épicier a fermé boutique. L'une des filles sort un bout de tuyau de son sac et le montre à ses collègues. Un tuyau rouillé, droit sorti d'une benne de chantier :

— Je lui ai flanqué deux coups de tuyau dans le ventre, ça l'a aussitôt calmé.

Des yeux pleins d'enfance, foutaise : des yeux de bête qui jaugent, refusent, se défendent. L'opération s'effectue sur place, derrière une palissade, dans un hall d'entrée, avec un bout de tuyau à portée de main. Où peut bien se trouver le boiteux à cette heure ?

Si je retournais à l'épicerie, je ne retrouverais pas les pêches, quelques-unes dans le noir répétant en chœur :

— Nous aussi nous sommes papas.

Des bouches en cul de poule, des petits doigts bien élevés, des pieds bots en suspens. Un couple de vieux sans-abri fourrage dans des cartons avec une béquille. Vas-y, écris donc que leurs yeux sont pleins d'enfance, vieux con. Je lui ai flanqué deux coups de tuyau dans le ventre, ça l'a aussitôt calmé. La vieille a trouvé un morceau de carton qu'elle examine d'un air méfiant. Le vieux ne remarque même pas les filles. Personne ne voit personne : des yeux pleins de rien. Moi, j'ai eu une enfance, j'ai été heureux, les grandes personnes étaient gentilles avec moi. Je retourne dans mon atelier : par la verrière, un carré ou un triangle noir. Rien d'autre. Juste ce carré ou ce triangle noir, et toi penché sur cette table, écrivant. Vas-y, écris des yeux pleins d'enfance, allez. D'une façon ou d'une autre, cela t'aidera sans doute à vivre.

Marquês de Pombal-Laranjeiras

Si je vous disais qu'à défaut de fleurs, je vous offre ce sourire, me croiriez-vous mademoiselle ? C'est que je ne m'attendais pas à vous rencontrer ici, assise devant moi, dans le métro, avec cette jupe bleue, ce chemisier blanc, vos yeux qui croisent les miens dans la vitre et se détournent, surpris d'abord puis mécontents, vos genoux qui s'écartent pour laisser les miens orphelins, vous venez, me semble-t-il, de hausser les épaules, vous triturez le fermoir de votre sac, peut-être êtes-vous fâchée contre moi, ou contrariée, j'ai l'impression que vous secouez la tête avec agacement ou mépris, j'élargis mon sourire mais vous refusez d'y répondre, je m'efforce de le réprimer avec ma main mais il s'échappe vers vous, ce n'est pas ma faute je vous assure, sans cette jupe, ce chemisier, cette courbe de votre oreille droite soulignée par vos cheveux, je vous aurais à peine remarquée, j'aurais pensé à mon travail, à ma femme, à notre dîner, j'ai été promu cette semaine, ma femme m'aime, ce soir nous avons de la noix de bœuf au menu

vous en prendrez bien un peu ?

le crédit de notre maison est remboursé, nous sommes heureux, ou plutôt je croyais que nous l'étions jusqu'à ce que vous vous installiez là, devant moi, dans ce métro, n'est-ce pas curieux les occasions inespérées que la vie apporte, je ne pense plus à ma promotion, je ne pense plus au dîner, comment pourrais-je songer à l'un ou l'autre devant votre oreille droite soulignée par vos cheveux, ce trèfle à quatre feuilles qui vous sert de boucle d'oreille, ce grain de beauté sur votre sourcil qui

loin de me repousser

m'attire, m'appelle, vos genoux peuvent bien se dérober, mais ce grain de beauté m'appelle, accepte mon sourire, acceptera mes fleurs, j'ai trente-six ans, je m'appelle Fernando, je vous aime, regardez ma bouche vous déclarer en silence

— Je vous aime

pourquoi donc n'est-ce pas vous, mais votre voisine qui me sourit, sans jupe bleue, sans chemisier blanc, ni grain de beauté sur le sourcil, dans la vitre ses yeux rivés aux miens, ses genoux qui me frôlent, le bout de sa chaussure qui presse mes orteils, aucune oreille soulignée par des cheveux, aucun trèfle à quatre feuilles en argent, pas de sac à main, juste un cabas en plastique d'où dépassent des légumes, si bien que je hausse à mon tour les épaules, secoue la tête, pense à mon travail, à ma femme, à notre dîner, j'ai été promu cette semaine et ça ne vous regarde pas, j'aime ma femme, vous entendez, et jamais je ne tomberai amoureux de quelqu'un rencontré par hasard, à sept heures du soir, dans le métro, je suis sûr que votre noix de bœuf serait insipide et filandreuse, ne m'obligez pas à éloigner mes genoux, à me lever, à m'enfuir, n'allez pas vous imaginer que mon sourire remplace des fleurs que j'aurais oubliées, ne vous levez pas en même temps que moi, ne me suivez pas, laissez-moi, s'il vous plaît laissez-moi, lâchez ma main, je ne veux pas savoir où vous habitez, ni que vous êtes veuve, ni que vous décongelez la morue dans un four à micro-ondes, ne fermez pas la porte à clef, ne glissez pas celle-ci dans votre décolleté, lâchez le bouton de mon col, ne m'étranglez pas avec ma cravate, à l'heure qu'il est la noix de bœuf doit être froide, à l'heure qu'il est ma femme a déjà téléphoné aux hôpitaux, morte d'inquiétude, en larmes, je ne me suis jamais absenté sans prévenir, je ne suis jamais rentré aussi tard, comment vais-je lui expliquer cette marque sur mon bras, ce suçon dans mon cou, mais puisque je suis couché ici, laissez-moi au moins cacher votre visage sous mon bras, imaginer un trèfle à quatre feuilles et un grain de beauté sur un sourcil, avant de m'endormir sur votre épaule dans une extase heureuse.

Nouvel essai sur l'entendement humain

À l'époque, les trottoirs étaient pour moi le prolongement naturel du couloir de notre maison, malgré la présence de certaines femmes au coin de certaines rues, où plus tard je suis allé jeter mon enfance comme une veste usée. D'une chambre dont je ne me souviens plus et d'un rapide spasme aussitôt oublié, j'ai rapporté la certitude d'être soudain devenu plus âgé et plus grand. Et comme une joie ne vient jamais seule, j'ai rapporté également neuf billets de cent escudos au lieu du billet de mille que j'y avais laissé. Comme cet argent appartenait à ma mère, je crus qu'elle apprécierait cette fructueuse multiplication. Je n'ai pas eu à répondre à la question

— Où sont passés les cent escudos manquants ?

car trois jours après le pharmacien s'en est chargé pour moi, en me prescrivant des piqûres de pénicilline et des bains intimes matin et soir. Ma mère n'a pas dû me trouver si âgé ni si grand puisqu'elle m'a donné une paire de gifles après avoir pris elle-même la décision de me les prescrire. Le pharmacien est reparti avec les neuf billets de cent escudos pour avoir répondu à ma place. Le traitement de ma mère, lui, fut gratuit. Et elle m'a déclaré que si elle ne disait rien à mon père, c'était seulement parce qu'elle craignait que son traitement à lui

(quoique gratuit également)

soit suivi d'un troisième traitement aux urgences de l'hôpital, service des ecchymoses et fractures.

Le talent curatif de mon père était terrible : il l'a généreusement et abondamment exercé dans un ring jusqu'à décrocher le titre de champion des poids moyens, à la grande joie du centre médical du quartier qui s'occupait des vaincus à grand renfort de coton, de mercurochrome et de zèle. Au moment de régler la note, les adversaires de mon père s'apercevaient que le coton et le mercurochrome étaient bon marché, mais que le prix du zèle était inabordable. Mon père ne l'apprit que plus tard, lors de son dernier combat avant de passer professionnel, un combat de cinq rounds de deux minutes, une sorte d'examen pour obtenir le permis de conduire du coup de poing. Il a passé le premier round debout, le deuxième appuyé aux béquilles des cordes, et après avoir esquivé un direct du gauche au début du troisième mais oublié un crochet du droit, il est tombé dans les pommes. Il s'est réveillé au dixième seau d'eau qu'on lui versait dessus pour demander à l'entraîneur

un ancien boxeur nommé Mendes le Cyclone

quel jour de la semaine nous étions. Le centre médical, avec lequel il entretenait une cordiale relation de client-fournisseur, l'a soigné à son tour avec son zèle habituel. Il y fut accueilli par le directeur en personne. Du coton, du mercurochrome et, bien sûr, du zèle, entouraient la civière où mon père, en short et avec ses gants, répondait aux questions entre deux dents devenues superflues. La facture du service thérapeutique est arrivée à la maison la semaine suivante, mon père un bras dans le plâtre regardait la télévision. Il l'a lue sans un mot, le gonflement d'une veine sur son cou fut son seul commentaire. Puis il s'est levé lentement, en soutenant ses côtes plus flottantes que jamais, et s'est dirigé vers le centre médical en boitant de la jambe et en laissant traîner par terre une longue bandelette de momie. Le plâtre peut être une arme terrible et bien plus économique qu'une mitraillette ou un revolver, la preuve : le directeur passa un mois dans le service ecchymoses et fractures. Mon père est rentré à la maison et s'est remis à regarder un reportage sur les hyènes. De temps en temps, je ne sais pourquoi, il répétait à voix basse le mot zèle, en contractant son visage d'une curieuse façon. On ne l'a plus jamais appelé Lopes le Séisme et il a relégué son peignoir de boxeur en haut de l'armoire de ma chambre, cimetière naturel des chaussures éculées et des ampoules grillées, où je cachais des cigarettes et une revue didactique concernant des poitrines volumineuses et autres attributs couronnés par des chevelures platine, accompagnés de légendes scientifiques telles que Je suis tout à toi, Lurdes la Désinhibée, Lapines suédoises et Carla la Pyrotechnicienne du sexe. Lurdes la Désinhibée, ma favorite, portait seulement des bottes et des gants et m'envoyait des baisers, juchée sur une moto. Sa chevelure platine volait à cent à l'heure bien que sa moto fût à l'arrêt. Grâce aux données scientifiques recueillies sous le titre Heureux ceux que la nature a mal dotés car la taille n'est pas le plus important, j'étais en possession de tous les secrets. Aujourd'hui encore, au cours de ces moments de mélancolie passagère causée par les doutes que ma femme insinue en moi par des commentaires du genre

— Si j'avais su ce qu'à présent je sais je t'aurais quitté

je revois Lurdes la Désinhibée à califourchon sur sa moto, je deviens la selle et je me sens mieux. J'en profite aussitôt pour resservir à ma femme les arguments de mon père : ce n'est pas pour rien que je suis le fils de Lopes le Séisme, c'est à elle de payer avec ses pourboires de serveuse le mercurochrome et le zèle. Je disais au début que les trottoirs étaient le prolongement naturel du couloir de notre maison. Aussi dur que cela puisse paraître à ma femme, ils continuent à l'être. C'est pourquoi je m'étonne qu'elle s'indigne de croiser, au coin de la rue, entre la salle de bains et la chambre à coucher, une femme avec une cigarette à la bouche, petit phare qui nous conduit, à travers les brouillards domestiques et les écueils conjugaux, jusqu'au port paisible d'un soutien-gorge en dentelle, orné d'un camélia en tulle

grandeur nature

au milieu. Il y a toujours eu, chez les femmes mariées, une capacité à l'incompréhension qui me dépasse, qui franchement me mortifie. L'autre jour, j'ai rapporté une moto empruntée dans l'espoir qu'elle m'envoie des baisers depuis l'engin. Elle m'en a bien envoyé au moment où elle tournait dans la rue et depuis lors je ne l'ai jamais revue. Elle était assise à l'arrière, agrippée à Mendes le Cyclone, et j'ai eu du mal à les reconnaître avec leurs casques. Mon père nous a toujours dit que Mendes le Cyclone, malgré ses soixante-dix ans, était en grande forme, et parfois je ne suis pas loin de lui donner raison.

Pour Artur Semedo, proche

Aujourd'hui, après ta mort, j'ai lu dans les journaux des choses qui m'ont surpris à ton sujet : on te dit cabotin, freluquet, macho, railleur, détracteur, je ne sais quoi encore, alors que, dans mon souvenir, tu m'as toujours rappelé ces artistes de cirque qui disposent une table au milieu de la piste, dressent dessus sept ou huit baguettes, au bout desquelles tourne une assiette, et ils courent, affolés, d'un côté à l'autre, pour agiter les baguettes afin que les assiettes continuent de tourner, sous peine de se briser. Dans ton cas, chaque assiette me semblait une larme. Dieu sait les efforts que tu as déployés car aucune n'est jamais tombée. J'ai lu aussi que tu étais un séducteur : j'en témoigne, c'est la vérité. Outre ta singulière beauté physique, tu avais un charme incomparable. Il est difficile pour un père d'avouer pareille chose

(aucun père n'aime qu'on lui enlève ses filles)

mais je dois admettre que tu as conquis Isabel. Pour se faire une idée de la difficulté de la prouesse, il faut savoir que tu es l'unique personne à avoir conquis Isabel. Aujourd'hui encore, elle va sur ses dix-sept ans, c'est une tâche difficile. Ça l'était beaucoup plus lorsqu'elle avait un an et pourtant tu as ravi

(le verbe fait froncer le sourcil, mais ce fut littéralement le cas)

elle avait un an et tu as ravi son cœur. Elle ne voulait pas manger. Elle refusait toute nourriture. Je recourais à des comptines, des clowneries, des suppliques, des menaces. Rien : elle serrait les dents et détournait sa tête de la cuillère. Alors tu m'as lestement écarté

— Laisse-moi faire

tu as pris une cuillerée de bouillie et tu t'es mis à lui parler à voix basse. On aurait dit de la magie. C'était de la magie. Isabel a esquissé ce sourire de consentement féminin que les fillettes adressent, à peine nées, aux hommes irrésistibles, puis elle a ouvert la bouche et a tout avalé, assise sur tes genoux. Le problème fut de l'en arracher pour aller la coucher. La seule solution consista à te laisser faire. Moi qui ai horreur de perdre, je dus m'avouer vaincu.

Ensuite, Artur, loin d'être un freluquet comme on le dit, loin d'être un coureur de jupons comme on l'assure, tu as voué à Pilar, jusqu'à sa mort, un amour constant, nourri de passion, de tendresse, de partage total, d'admiration, de respect, de péripéties dignes d'un roman d'aventures, d'envolées à la Alexandre Dumas, d'extravagances. Vous voir ensemble me touchait. Je vous enviais. Et j'étais votre grand ami.

L'amitié fut toujours, pour moi, instantanée et absolue. Je rencontre un homme et nous voilà, aussitôt, des amis d'enfance. Ce fut ainsi avec Ernesto, Zé, Daniel, Nelson, Vitorino. Et ce fut ainsi avec toi. Tu t'en souviens ? Nous nous sommes retrouvés par hasard assis l'un en face de l'autre, au cours d'un dîner de soutien électoral, quand nous soutenions encore électoralement ceux qui ne nous soutenaient plus, quand notre naïveté était au moins aussi grande que notre foi. Bref, nous nous sommes retrouvés assis l'un en face de l'autre, ta moustache s'est allongée en un sourire

tu avais un sacré sourire

et aujourd'hui encore. Je me rappelle que nous sommes ressortis du restaurant bras dessus, bras dessous et, ensuite, des années et des années d'amitié sans le moindre nuage. Dinis Machado

(que je ne vois plus depuis trop longtemps et que je continue à aimer)

peut en témoigner. Et, bon sang, nous avons passé ensemble de sacrés moments. Nuits blanches, conversations, livres, films, des choses que je peux raconter, l'équipe de Benfica, bien sûr, toi qui demandais à Dinis, fan du Sporting de Porto

— Comment peux-tu être un homme à rayures ?

Dinis souriait, comment peut-on être le supporter d'un club à rayures, en effet, tu ajoutais que tu étais un homme d'une seule couleur et nous nous engouffrions tous les trois dans le Bairro Alto. En un certain sens, nous continuons encore à déambuler ensemble, toi courant d'un côté à l'autre pour maintenir en équilibre tes assiettes de larmes, nos assiettes de larmes, afin qu'aucune ne tombe.

Tout comme elles ne vont plus tomber à présent. Pourquoi diable devraient-elles tomber, puisqu'il n'y a aucune raison pour qu'elles tombent ? En voyant ta photo dans le journal et le titre « Artur Semedo est mort », j'avoue m'être inquiété. Pour dissiper mes doutes, je t'ai demandé

— Tu es mort ?

et j'ai aussitôt été rassuré car j'ai entendu ton rire bref, j'ai senti tes mains sur mes épaules, j'ai vu ta moustache me dire, comme toujours

— Mon cher

et j'ai compris que si tu nous as quittés plus tôt c'est juste parce que Pilar t'attendait.

Les Lusiades racontés aux enfants

Monsieur Peres ne m'a jamais dit qu'il m'aimait et je n'ai jamais dit à monsieur Peres que je l'aimais, peut-être à cause des vingt-trois ans qui nous séparent, peut-être parce qu'il est mon patron, peut-être parce qu'il est plus petit que moi et que l'idée de nous voir ensemble sur une photo me gêne. Au magasin, ça ne se voit pas car je travaille assise à la caisse et monsieur Peres debout s'occupe des clients, toujours poli, toujours en noir, son alliance toujours au doigt, toujours respectueux et discret avec tout le monde, excepté quand ces jeunes, avec une boucle d'oreille et des cheveux longs, entrent dans notre boutique, après leur départ monsieur Peres soupire dans quel pays vivons-nous, où allons-nous comme ça. À sept heures moins cinq, je quitte ma caisse, j'arrange mes cheveux devant un petit miroir, je dis

— À demain, monsieur Peres

monsieur Peres, vingt centimètres plus proche du sol que moi

— À demain, mademoiselle Noélia

et dans le bloc d'immeubles voisin, au numéro 33 deuxième étage gauche, ma mère qui m'attend avec la soupe sur la table et son feuilleton brésilien. Ce n'est pas une vie triste : nous touchons la pension de mon père, nous avons acheté l'appartement et nous faisons tous les mois de juillet, grâce à mon salaire et à la retraite de ma mère, une excursion en Espagne. Dans le salon, il y a une photo de moi devant le musée du Prado, dans une robe blanche que j'adorais mais que j'ai malheureusement brûlée sous le fer à repasser, et je reçois de temps à autre une lettre de mon cousin du Canada. Il ne me parle pas de mariage, mais ma mère est sûre qu'un jour ou l'autre il se décidera, les hommes finissent par s'assagir, c'est une simple question de temps. La seule chose qu'elle m'oblige à lui promettre, c'est de ne pas aller vivre à Toronto, nous avons cette maison à Lisbonne

(encore ce printemps nous avons refait notre véranda)

un emploi convenable, un climat doux, le feuilleton brésilien et un médecin de famille qui m'a toujours bien soignée, même quand j'ai eu des problèmes de reins et de vésicule. Comme le dit ma mère, et elle a raison, un bon médecin est plus difficile à trouver qu'un bon mari, sans oublier qu'il ne tire pas à lui toute la couverture pendant la nuit. Donc, dans notre salle de bains, il ne se trouve que deux brosses à dents, et ma mère pense que tout est très bien ainsi. Parfois, il m'arrive de penser qu'elle se trompe, mais je ne dis rien, bien sûr, pour ménager son cœur : le médecin nous a expliqué que ma mère avait un cœur d'oiseau, aussi gardez votre calme, madame Celina, quand viendra le moment dans le feuilleton brésilien où l'actrice tue son beau-frère pour empocher son héritage, débranchez la télévision et demandez à votre fille de vous lire le journal, pour vous épargner la vue du revolver et du sang.

Monsieur Peres ne m'a jamais dit qu'il m'aimait, je n'ai jamais dit à monsieur Peres que je l'aimais, aussi ai-je été surprise la semaine dernière, tandis que j'arrangeais mes cheveux devant mon petit miroir après avoir quitté ma caisse, qu'il m'invite, sa bouche à la hauteur de cinquième bouton de mon chemisier, à l'accompagner dimanche à une promenade sur les bords du fleuve, comme il avait l'habitude de le faire du temps de son épouse, avant la dure épreuve de son diabète et de son enterrement. Ma mère était d'avis que mon cousin ne le prendrait pas mal

(— Un vrai monsieur, Noélia)

et monsieur Peres est passé me prendre avec sa vieille voiture, enfumée et bringuebalante. J'ai pris un gilet en laine car avec ce temps déréglé on ne sait jamais s'il va faire froid, ma mère a salué monsieur Peres depuis la fenêtre, ou plutôt ce qu'on distinguait de monsieur Peres dans la fumée de son pot d'échappement, après m'avoir crié de surveiller mon sac car les voleurs en liberté courent les rues. Nous avons fini sur une esplanade à Belém et mes chaussures me faisaient mal. Monsieur Peres m'a offert un jus de pomme et m'a demandé la permission

— Ça ne vous gêne pas, mademoiselle Noélia ?

de commander une bière. Ses mains m'ont paru encore plus petites qu'au magasin, il portait une cravate avec une épingle emperlée, et nous avons passé deux heures à regarder les bateaux entre une assiette de crevettes et des silences intimidés. Autour de nous, les gens mouchaient leurs enfants et un petit vieux circulait de table en table pour vendre des miniatures en plâtre de la Vénus de Milo, avec ses deux bras coupés comme ceux des vendeurs de billets de loterie. Je n'ai pas pensé à Toronto, ni à mon cousin, je n'ai pensé à rien. Monsieur Peres s'empêtrait dans ses crevettes et j'ai compris, à sa façon de fuir mon regard, qu'il se donnait du courage pour me faire part de quelque décision. Il a ouvert la bouche, puis l'a refermée. Il a de nouveau ouvert la bouche, mais l'a encore refermée. Après un long moment, il a rouvert la bouche, a hésité, pour finalement y fourrer une crevette sans même la décortiquer. Un chien errant est venu nous renifler les jambes, avant de repartir. Vaincu, monsieur Peres a tiré un peigne de sa poche pour refaire sa raie. J'aurais peut-être pu l'aider, cajoler ses doigts, lui sourire. Ma vie n'est peut-être pas aussi heureuse malgré nos excursions en Espagne. Peut-être que moi et monsieur Peres. Peut-être que monsieur Peres et moi malgré notre différence d'âge. Peut-être que ma mère serait d'accord. Peut-être aurais-je dû décortiquer une crevette pour que monsieur Peres ne s'étouffe pas. Peut-être que si l'idée de nous voir ensemble sur une photo ne me gênait pas. L'idée de devoir marcher sur la partie la moins haute des trottoirs, porter des chaussures sans talons, me courber légèrement. Peut-être que s'il n'avait pas été l'heure de rentrer

— À demain, mademoiselle Noélia

— À demain, monsieur Peres

et s'il n'avait pas disparu dans sa vieille voiture enfumée et bringuebalante. Ça n'a pas d'importance : d'ici quelques mois, je recevrai une lettre de Toronto qui me parlera de mariage. Les hommes finissent toujours par s'assagir, c'est une simple question de temps, mon cousin a une tête de plus que moi, et en octobre nous ferons poser un nouveau parquet. Tout bien réfléchi, je ne peux pas me plaindre.

Un silence coruscant

Je crois que l'évènement le plus important de ma vie fut un voyage d'environ un mois, en Italie, avec mon grand-père. Mon grand-père conduisait et moi, assis à côté avec un volant en plastique, je faisais mine de conduire également. La voiture était une Nash rouge. Au centre de mon volant en plastique, une boule en caoutchouc. Lorsque je la pressais, un bruit imitant celui d'un klaxon s'échappait. Le ronronnement du moteur, je le faisais avec ma bouche, si bien que je ne doutais pas une seconde que c'était moi qui conduisais la voiture. De temps en temps mon grand-père me caressait la nuque. C'est curieux, mais je sens encore ses doigts.

Les premiers jours, l'odeur d'essence me donnait la nausée et je vomissais dans des pochons en papier. Nous nous arrêtions dans des hôtels au fil du voyage. Je me souviens des glaces que j'ai mangées à Saragosse, je me souviens d'avoir assisté à une corrida à Barcelone avec Luis Miguel Dominguin et d'être allé au théâtre voir Carmen Sevilha. J'ai été amoureux d'elle jusqu'à douze ans, époque où j'ai vu *Les Dix Commandements* et je l'ai plaquée pour

Anne Baxter, la femme du pharaon. Ni Carmen Sevilha ni Anne Baxter n'ont répondu à mon amour. Les passions s'éternisaient en ce temps-là : tout était lent. Des journées interminables qui mettaient des siècles à commencer. Mon parrain me donnait une pièce pour chacune de mes dents de lait. Si j'avais été un crocodile, je serais riche.

Puis ce fut la France. La tour Eiffel, qui à mes yeux n'existait que dans les presse-papiers, m'a semblé imcomplète. On retournait le presse-papiers à l'envers et un tourbillon de paillettes dorées voltigeait autour d'elle. Peut-être que mon grand-père aurait eu la force de retourner celle de Paris, mais pour une raison inconnue il ne l'a pas fait, aussi n'y eut-il aucune paillette dorée. J'ai bien failli le lui demander. J'ai respecté son indifférence pour les presse-papiers mais, déçu, j'ai éloigné ma nuque quand ses doigts s'en sont approchés. Aussitôt après, bien sûr, je l'ai regretté : peut-être que mon grand-père allait me retourner, moi, à l'envers, et je me serais vu entouré de paillettes dorées. À notre retour au Portugal, il m'aurait offert au mari de la couturière et j'aurais joliment décoré la radio. Comme on me disait toujours

— Tu es si mignon, si blond

j'aurais sans doute été parfait dans le rôle du bibelot. Nous passâmes en Suisse où, à Berne, une bicyclette m'a renversé, ce qui me parut une marque de mauvais goût. Le conducteur de la bicyclette, qui croyait conduire un camion, est descendu de sa selle pour me ramasser. Au grand soulagement du mari de la couturière, j'étais intact. Le Suisse

(il y a des Suisses qui ont une âme)

est reparti en pédalant, le bas de son pantalon serré par une épingle à linge comme les bijoutiers de la foire de Nelas. Voulant les imiter, j'accrochais des épingles sur mon short avant de m'installer sur mon tricycle. Nous arrivâmes à Padoue : avec un volant en plastique et un klaxon en caoutchouc, on atteint l'Italie en un instant. L'Italie, au début, m'a semblé une contrée vers laquelle les Suisses balayaient leurs déchets, autrement dit une sorte de Portugal mais avec plus de pierres et de constructions laissées inachevées par les Romains : quelques colonnes, un pan de plafond, quelques fragments de mosaïque, un peu comme le jardin de mes parents après mon passage avec un lance-pierre. En découvrant le Colisée, j'eus la certitude que mon frère Pedro était déjà passé par là. Avec un marteau. On m'expliqua que l'édifice avait été construit par l'homme qui avait inventé l'arc de cercle, mais qu'il n'avait pas su s'arrêter. Cependant, notre but était Padoue, où nous devions participer à la première communion dans l'église du saint qui porte mon nom. Là, mon grand-père toucha le tombeau avec sa main, et me demanda de le toucher à mon tour :

— Promets-moi que quand tu auras un fils tu l'amèneras ici.

Ce fut la seule fois où je vis ses yeux remplis de larmes. Nous étions là, tous les deux, seuls. Il me prit dans ses bras, m'embrassa, et jamais personne ne m'a pris dans ses bras ni embrassé comme lui. Pour un témoin extérieur, cela pouvait paraître bizarre : un homme qui embrassait un enfant avec un volant en plastique. Pour moi, ce fut le moment d'amour le plus intense de ma vie.

Et puis nous sommes rentrés, la lenteur des jours prit fin, le temps s'accéléra. Jusqu'à aujourd'hui. J'eus dix-huit ans. Mon grand-père nous quitta. Depuis sa mort, plus rien d'important ne m'est arrivé. J'aurais voulu lui dire que je n'ai pas eu de fils, rien que des filles : je jure que je n'y suis pour rien. Et j'écris des romans, une activité qui l'inquiétait. Un jour, il m'appela dans son bureau pour me demander avec son sens pratique d'officier de cavalerie :

— Serais-tu par hasard un inverti ?

J'ignorais ce qu'était un inverti. Vu sa tête, il s'agissait d'un mot horrible et je lui ai aussitôt assuré que non. Il m'a regardé d'un air méfiant, en marmonnant. Je lui ai demandé

— Qu'est-ce que tu dis ?

et lui toujours en marmonnant

— Rien, tu peux te retirer.

J'ai épié depuis la porte : il continuait à marmonner. Après quelques investigations dans le dictionnaire et des heures de réflexion approfondie, j'en ai conclu que la notion d'inverti rejoignait celle d'un presse-papiers à l'envers scintillant de paillettes dorées. Au moment où j'écris ceci, je suis à Paris. Depuis la fenêtre, je vois la tour Eiffel

cette Grande Invertie

alors je m'empresse d'aller baisser la persienne. Je ne voudrais pas que mon grand-père pense du mal de moi. Je répugne à m'approcher de cette tour. Je la fuis, l'évite. Je refuse qu'on m'y emmène. Ainsi, j'espère qu'il me pardonnera le péché d'écrire. Mais pour dissiper tout soupçon, je refuse même de faire le poirier. Je me tiens ici droit comme un piquet, debout sur le tapis. Et quand j'entends à la télévision un intellectuel parler de l'inversion des valeurs, j'éteins aussitôt. Je ne voudrais pas être contaminé et finir comme presse-papiers du mari de la couturière.

Comment ont débuté mes fiançailles

Chaque jour, elle étendait son linge sur le balcon, donnait à manger à la perruche puis allumait la radio. Elle restait là un moment, dans la cuisine, sans l'entendre, sans rien entendre. Lorsqu'elle réalisait qu'elle n'entendait rien, elle se mettait à faire la vaisselle de la veille. La perruche gonflait vainement son gosier, écarquillait les yeux. La femelle était morte quelques mois auparavant : un matin, après avoir étendu son linge sur le balcon, elle s'approcha de la cage avec un sac de graines et y découvrit l'oiseau figé. Elle le prit par une aile pour le jeter dans la poubelle qui s'ouvrait en même temps que le placard près de la machine à laver. Quelques minutes plus tard, des épluchures et des restes recouvraient l'oiseau. Le mâle resta plusieurs semaines en état de choc, titubant sur le plancher de la cage comme un marin ivre. Désireuse de le consoler, elle monta le volume de la radio.

Dès qu'elle finissait de laver la vaisselle, sa mère l'appelait depuis sa chambre. C'était une femme asthmatique et, comme pour tous les asthmatiques, ses questions semblaient se transformer en sifflements de haine provoqués par la faiblesse de ses poumons. Elle buvait son thé très lentement, s'étouffait, remplaçait ses paroles par des gestes affolés en agitant un chapelet. Il y avait des traces de dents sur la petite croix du chapelet, qui trahissaient l'exaspération d'une mère maudissant son sort. Son fils, qui habitait à Coimbra, téléphonait le vendredi pour prendre des nouvelles de sa santé : la mère, contente de l'entendre, déchargeait sa rancœur au téléphone, les yeux fixés dans le vide, cherchant un appui dans l'air. Mais l'air refusait de la soutenir.

Quelquefois, elle avait envie de prendre sa mère par la manche pour la jeter également à la poubelle : sous un tas d'épluchures et de restes, on ne la verrait plus.

J'ai fait leur connaissance voilà un peu plus d'un an. Une ou deux fois par semaine, j'allais les saluer dans leur appartement. Sitôt que la sonnette retentissait, le volume de la radio baissait. La mère, étayée par des traversins, marmonnait un bonjour suspicieux. La petite croix de son chapelet gisait, toute frêle, sur le drap. Les immeubles qu'on voyait par la fenêtre différaient de ces mêmes immeubles vus de la rue : on avait l'impression qu'ils nous comprimaient la tête. La perruche s'approchait des barreaux, lançait un baiser inutile. La fille changeait de robe, se coiffait. Nous restions dans le salon à chercher un sujet de conversation. Parfois je prenais sa main et me retrouvais avec des doigts inutiles entre les miens. J'allais dire qu'elle avait toujours moins de doigts que les gens normaux. L'un d'eux portait une bague ornée d'une pierre bleue. Soudain, sa main réalisait qu'elle existait et fuyait la mienne. Quelques secondes après, j'entendais un entrechoquement d'objets dans la cuisine, et le volume de la radio montait. Au fond de sa chambre, la mère toussait d'indignation.

J'ai fait leur connaissance voilà un peu plus d'un an, lorsqu'elles demandèrent à faire évaluer quelques meubles dans la boutique où je travaille. La mère parvint à expectorer

— Nous avons trop de commodes dans cet appartement

avant de plaquer le chapelet sur sa poitrine épuisée, pour calmer les veines de son cou. C'est la phrase la plus longue que je lui aie jamais entendu prononcer :

— Nous avons trop de commodes dans cet appartement

et c'est la seule au cours de ces derniers mois que j'aie pu comprendre du début à la fin. Les commodes croulaient sous des pots sans fleurs, la fille m'a éclairé

— C'est à cause de son asthme, vous comprenez ?

Des pots sans fleurs, des boîtes de médicaments, des paquets de graines pour les perruches. La bague à la pierre bleue a repoussé un seau derrière un canapé, pour le cacher. Des excuses enveloppées d'un sourire

— Je n'ai pas eu le temps de ranger la maison

et dès que son sourire s'est évanoui, son visage a pris un air orphelin. Je me suis risqué à lui prendre la main. Une main dont quelques doigts, soudain gênés, ont disparu dans son tablier. J'ai dû me contenter d'un petit pouce fané et d'une bague inerte, plongés dans l'attente. Comme je ne savais que faire de cette bague, je lui ai dit que je reviendrais la semaine suivante avec un devis. J'ai dit également à mon chef que leurs commodes ne valaient rien.

— Comment était la fille ?

m'a demandé le chef. J'ai voulu lui répondre mais, malgré tous mes efforts, je n'avais plus aucun souvenir d'elle.

À présent elle est là devant moi à me raconter la mort de sa perruche, comment elle a découvert l'oiseau figé. Il est difficile de la décrire. Le temps a effacé ses traits comme une gomme. On voit encore un coin de sa bouche, un bout de sourcil, ses lunettes. Elle porte un chemisier au col en dentelle, serre ses jambes en tirant sa jupe sur ses genoux. Elle tourne le bouton de la radio en quête d'une station diffusant une musique entraînante, tandis que je cherche une excuse pour ne pas avoir apporté le devis concernant ses commodes en trop. Et tout en cherchant, je lui caresse la main où je crois sentir plus de doigts que les dernières fois. Presque cinq à chaque main, quatre du moins, qui ébauchent une chatouille sur mon poignet. J'ignore si c'est sa perruche ou moi qui lui lance un baiser. Ça doit être moi car elle me prend par la manche et au lieu de me jeter dans la poubelle qui s'ouvre en même temps que le placard près de la machine à laver, elle me lâche sur le paillasson du palier. Je reste là un moment, hésitant à sonner de nouveau, jusqu'à ce que la lumière s'éteigne. Si quelqu'un montait à présent l'escalier, il buterait sans doute sur moi, accroupi sur cette marche, le menton dans la main. J'attends. Je suis sûr que la petite croix du chapelet s'agite pour convaincre sa fille que je ne suis pas un mauvais garçon.

C'est la maison qui paie

Le problème, ce n'est pas les immeubles d'en face, ni les cheminées, ni les toits, ni ce balcon où une femme bat ses tapis avec une raquette en osier, ni cette fenêtre où une belette empaillée me fixe de ses petits yeux vernis, furieux et aveugles : le problème, c'est cette absence de tout nuage, de tout pigeon, ce ciel plaqué sur les toits, vide, clos, où l'air même semble se faner, où les arbres, les bruits

de voitures, de passants, de radios

se fanent également, des pétales d'ombre qui tombent de leur tige, par exemple ma mère devant la porte, son plumeau à la main

— Lurdes

un prénom qui tombe de ses vêtements dans un lent abandon, la corolle de ses cheveux embuée par le temps, son visage encore fripé de sommeil

— Lurdes

et derrière, sur une commode du salon, la photo de mon père qui murmure

— Lurdes

également, sa bouche

— Lurdes

ses sourcils qui s'agitent comme des ailes

— Lurdes

son front qui prend un air soucieux, préoccupé, tu es mort depuis longtemps papa, laisse-moi, c'est à peine si je me souviens de toi, mais lui impassible

— Lurdes

sous une pierre dans le cimetière, en complet veston

— Lurdes

un costume élégant, une cravate neuve, un crucifix entre les doigts, de son vivant il ne m'a jamais appelé

— Lurdes

il passait devant moi en silence, oblique, furtif, s'asseyait devant la table du salon pour faire une patience, il avait une collection de puzzles rangée sous le divan, des petits morceaux de carton qui s'imbriquaient les uns dans les autres et voilà qu'aujourd'hui, des années après, il se souvient de moi

— Lurdes

alors que je l'ai oublié, tout raide sur sa photo

— Lurdes

ma mère devant la porte

— Tu n'entends pas ton père ?

et aussitôt après

— Lurdes

pas un nuage, pas un pigeon, ce ciel plaqué sur les toits, vide, clos, où l'air même semble se faner, où les arbres, les bruits

de voitures, de passants, de radios

se fanent également, excepté les syllabes de mon prénom, excepté la question de ma mère

— Pourquoi ne nous parles-tu pas Lurdes ?

blessée ou bien préoccupée, inquiète, mais pourquoi donc puisque je ne suis pas malade, je me sens bien, je veux juste qu'ils m'oublient, qu'ils m'ignorent, faites comme si je n'existais pas, je n'ai jamais existé, quand il sera l'heure de déjeuner je déjeunerai, quand il sera l'heure de se coucher je me coucherai, en attendant laissez-moi rester ici, comme la belette empaillée sur le rebord de la fenêtre, à regarder ce ciel vide et clos où l'air se fane, où vous vous fanez, où je me fane, mon père n'est peut-être pas le seul à être mort, nous sommes tous morts, nous sommes certainement tous morts dans ce troisième étage donnant sur le losange d'une petite place

est-ce bien un losange ?

sur le carré d'une petite place, si le téléphone sonne je ne suis pas là, si l'anévrisme de tante Alice s'aggrave ne me prévenez pas, je suis une belette empaillée maman, je suis une femme de quarante-trois ans qui cherche une issue dans ce ciel, une ouverture par où je pourrais entrevoir la face cachée des choses, tout comme enfant j'épiais les balcons éclairés pour apercevoir à l'intérieur des meubles, des tableaux, peut-être moi me faisant signe, avec une mère et un père différents, plus jeunes, plus grands, qui ne m'appelleraient pas Lurdes, mais Teresa

ou Isabel

ou Fernanda

tout étonnée de me voir occupée à ouvrir la boîte d'un puzzle représentant une vieille femme, devant une porte, appelant je ne sais qui

j'imagine

— Lurdes

d'une voix affolée, avec un plumeau dans la main.

Le samedi soir est le plus triste de la semaine

Heureusement j'ai beaucoup d'amis qui pensent à moi depuis mon divorce, ils m'appellent, m'invitent au cinéma, à dîner, à des concerts, frappent à ma porte quand ils me croient seule, remplissent mon salon de rires et de fumées, si bien qu'après leur départ il me suffit de vider les cendriers, de rapporter les verres dans la cuisine, d'ouvrir la fenêtre pour chasser l'odeur du tabac, de redresser les tapis, d'éteindre la lumière, et de rester dans le fauteuil à regarder les immeubles d'en face, mon menton sur les genoux, jusqu'à ce que le matin, ou ce qui lui ressemble, me permette de discerner une tache noire sur la moquette et d'apercevoir dans ce miroir marocain quelque chose sur mon visage que j'aimerais appeler un sourire, quelque chose sur mon visage que nous appellerons un sourire. C'est forcément un sourire puisque grâce à Dieu j'ai beaucoup d'amis. De plus je suis quelqu'un de gai, j'aime la vie, je n'ai jamais eu besoin de prendre des cachets contre la tristesse, lorsque personne ne peut venir me voir j'ai mes disques, mes livres, des lettres auxquelles j'aurais dû répondre depuis longtemps, j'ai des photos à coller sur mon album pour remplacer celles que j'ai retirées, celles où je suis avec mon mari, tous les deux sur la plage, tous les deux à Madrid, tous les deux muets comme nous l'étions au cours des derniers mois, lui lassé de moi, indifférent, ailleurs, je suis sortie plus tôt pour qu'il puisse faire sa valise tranquillement, le soir plus une seule chemise dans le tiroir, pas même son odeur, ni un mot, rien, j'ai arpenté le couloir un moment en ouvrant les armoires, je me suis dit qu'il allait rentrer d'un instant à l'autre, il me manquait, j'ai eu envie de pleurer mais heureusement j'ai beaucoup d'amis, je suis gaie, je n'ai jamais eu besoin de prendre des cachets contre la tristesse, alors je mets un disque et je dîne dans la cuisine, l'appartement est si calme, personne pour changer la chaîne de la télévision, pour laisser la lunette des W.-C. relevée, pour me prendre les draps, pas un flocon de mousse à raser dans le lavabo, tout est propre, rangé, une paix de chambre funéraire, deux tables de chevet rien que pour moi, davantage de place pour mes robes d'été, dans le canapé le creux de son corps que j'ai envie de caresser, mais là, heureusement, la sonnette retentit et deux amis, des rires, de la fumée, une vague mélancolie qui passe aussitôt après le second whisky, et me voilà absorbée par une histoire drôle ou par les billets pour un concert samedi prochain que j'ai très envie de voir, de la bonne musique brésilienne, et après le concert une discothèque, un bar, les attentions de l'ami d'un ami qui me regarde comme mon mari ne m'a jamais regardée, qui allume mes cigarettes, trouve mes opinions très intéressantes, veut me raccompagner, je lui explique que je suis fatiguée, que j'ai sommeil, un autre jour peut-être, j'ôte délicatement sa main de mon genou, je détourne légèrement mon visage en lui disant au revoir pour ne pas qu'il m'embrasse sur la bouche, j'essuie ma joue d'un revers de main sans qu'il le voie, je me déchausse dans l'ascenseur car j'ai les pieds endoloris, je m'installe dans le creux du canapé plus grand que moi près de celui qui est à ma taille, je me rappelle que demain c'est dimanche, j'ai un déjeuner à Tróia, les enfants des autres qui réclameront des glaces, des maris semblables au mien le nez dans leur journal, je m'approche du balcon, la rue silencieuse, une rangée de voitures garées, une rangée d'arbres, un chien reniflant les pneus avant de disparaître au coin de la rue, j'aime ce quartier où tout est à portée de main, même le coiffeur, le boucher me connaît depuis que je suis petite

— Mademoiselle

ma tante, presque de mon âge, habite sur la petite place là-bas, nous parlons beaucoup, nous nous entendons très bien, elle aussi est divorcée et encore belle, un homme marié vient la voir le soir en épiant les alentours avant d'entrer dans l'immeuble, j'aime ce quartier où tout est à portée de main, supermarché, boutiques, poste, le centre des impôts, le commissariat, tout est à portée de main excepté mon mari, ce n'est pas qu'il me manque, ce n'est pas que j'en aie besoin, je suis satisfaite ainsi, je vide mes cendriers, je rapporte les verres dans la cuisine, j'ouvre la fenêtre pour chasser l'odeur du tabac, je pose mon menton sur mes genoux et je reste ici à attendre que l'ami d'un ami, que le téléphone, que la porte, avec l'envie d'aller renifler les pneus des voitures avant de disparaître au coin de la rue.

Le bruit de mes os

Parfois, quand je suis seul à la maison, j'entends un chant lointain. Ou plutôt : j'ai l'impression que quelqu'un chante au loin pour moi, une voix de femme que je ne connais pas ou une voix oubliée qui ressurgit de mon passé. Je me lève du canapé, je vais voir à la fenêtre mais personne, tout comme il n'y a personne dans la chambre, ni dans le couloir, ni dans la véranda. Personne et pourtant la voix persiste, venant non pas de l'extérieur, de la place, mais de quelque recoin de l'appartement, ou de ma mémoire, et j'ignore pourquoi. Sur le bord de la fenêtre, un papillon mort, les assiettes immobiles dans le buffet, la photo de mon fils sur l'étagère, toutes les lumières de l'immeuble d'en face sont éteintes. Comme c'est étrange que je sois moi, comme c'est bizarre que je vive ici. Puis je me dis : Ce qui est étrange c'est de trouver étrange que je sois moi, et ce qui est bizarre c'est de trouver bizarre que je vive ici. J'ai choisi l'appartement, je l'ai loué, j'ai acheté les meubles. Durant des années, je m'y suis plu. Maintenant, j'en suis un peu lassé : je voudrais ouvrir la porte et, par exemple, me retrouver dans un salon différent. Je ne sais pas comment mais différent, d'une manière qui m'ôterait toute envie d'en sortir : la voix se ferait plus proche et je découvrirais la femme qui chante. Ma mère ? Je n'ai nul souvenir d'avoir entendu un jour ma mère chanter, elle passait son temps devant ses fourneaux à pousser des soupirs. Telle est l'image qu'il m'en reste : une femme sérieuse qui passait son temps devant ses fourneaux à pousser des soupirs. De mon père, j'ai gardé encore moins de souvenirs : juste un parapluie dans l'entrée, auquel je n'ai jamais osé toucher. Un jour il est tombé tout comme une fois j'ai vu tomber une chauve-souris morte. Je n'ai pas eu le temps de dire

— Papa

si bien qu'il ne m'a jamais manqué. À qui pourrait manquer un parapluie dans une entrée ? Seule me manque cette voix que parfois je n'entends plus quand je suis seul ici, cette voix de femme perdue quelque part dans mon passé. Mardi dernier, depuis la petite place en bas, j'ai vu une dame qui étendait son linge et dont les gestes évoquaient la mélodie que j'entends fredonner. Une dame encore jeune sur un balcon au deuxième étage. Dès qu'elle a disparu, j'ai voulu lui crier

— Nous ne pouvons pas nous perdre avant même de nous être rencontrés

mais au lieu de ça, je me suis adossé au mur et suis resté là, à attendre. J'ai décidé : à la troisième voiture rouge je m'en vais, la troisième voiture rouge est passée et je suis parti. Depuis, j'évite cette petite place.

À présent, je suis tout seul chez moi et j'entends

la voix. J'ouvre un magazine, croise les jambes, repose le magazine. Elle m'appelle depuis mon passé, même si mon passé se résume à des soupirs devant un fourneau et à un parapluie dans l'entrée. Au-dessus se trouvait un miroir ovale dans lequel je voyais ma bouche sourire sous deux yeux graves. Je les frottais de ma main droite, eux se frottaient de ma main gauche, bref, ces yeux n'étaient peut-être pas les miens. Le fait d'avoir de tels yeux ne m'enchantait guère, les mêmes qui me scrutent le matin pendant que je me rase. Ils entrent en moi, retournent mes traits sans répit. Heureusement, ils ne m'observent plus maintenant que j'ai ouvert la véranda. D'ici jusqu'au trottoir sept mètres, huit grand maximum. J'apporte un tabouret de la cuisine, je grimpe dessus : presque dix mètres. Des nuages du côté du fleuve, gris dans le ciel noir, des reliefs de toits, les lumières du pont, les phares à la queue leu leu sur la route d'Almada. Finalement, c'était tout simple : ouvrir la véranda, grimper sur le tabouret de la cuisine et dix mètres. La voix s'est tue, m'attend. Il y a des chiens qui trottinent en bas, s'arrêtent et nous fixent, avides de nous voir les rejoindre. Des nuages du côté du fleuve, gris dans le ciel noir. Je me penche hors de la véranda, j'écarte les bras. Demain matin la dame qui étendait son linge lira-t-elle la nouvelle dans les journaux ?

Jour de Santo António

Le jour de Santo António, c'était l'anniversaire de l'homme le plus important de mon enfance, et donc de ma vie. Aujourd'hui encore, quand je suis soucieux ou préoccupé, c'est à lui que j'en parle, aujourd'hui encore pas une semaine ne passe sans que j'y songe, sans que je le revoie avec une parfaite netteté, ses mains, son sourire, son regard, sa voix. Il était monarchiste, catholique, conservateur, salazariste. Le fait que j'écrive lui semblait un passe-temps de pédé. Jusqu'à la fin de sa vie, ce fut un officier de cavalerie autoritaire et colérique. Il tutoyait et donnait du Chico aux inconnus : assis près du chauffeur, il braillait à l'adresse des autres voitures

— Eh Chico fais gaffe à ta putain de bagnole

et criait à son propre chauffeur, quand celui-ci s'approchait trop d'un pare-chocs

— Combien de fois faudra-t-il te dire de ne pas renifler le cul des autres ?

mais quand c'était moi qui traitais quelqu'un de vieux chnoque ou d'enquiquineur, il se fâchait tout rouge contre ma mauvaise éducation. Il ne s'intéressait pas à l'art, mais aux courses. Sur le pilier de son portail, au-dessus de la sonnette, une plaque gravée arborait fièrement Lobo Antunes, il était snob, il tirait vanité d'être le descendant de monsieur le vicomte de Nazaré, il me faisait sentir que j'aurais plus tard à y faire honneur et s'irritait de voir que cette vicomté me laissait indifférent, il vivait entouré d'un métayer, d'un jardinier, de servantes, toute une cour de moujiks qui pour lui était naturelle mais pour moi très bizarre et pourtant, malgré tout ça, je n'ai jamais connu quelqu'un d'aussi vaillant, d'aussi généreux, d'aussi profondément bon, d'aussi honnête et d'aussi tendre. Si j'ai quelque vanité, c'est celle de porter son nom, si j'ai eu quelque modèle, c'est son exemple de sérénité et de courage. Il a risqué sa peau et perdu sa situation pendant la révolution de Monsanto, et il est reparti de rien, sans un sou, en travaillant dans une usine de boîtes de conserve à Tanger. Fils d'une famille qui avait fait fortune dans le caoutchouc au Brésil, mais que la maladie du père et des plantations à Singapour avaient ruiné, il est reparti de zéro avec une ténacité exemplaire. La seule plainte que je lui aie jamais entendue, lui toujours si gai, toujours si énergique, si obstinément heureux, ce fut lorsque, déjà très malade, il posa sa main sur ma nuque

personne ne m'a jamais cajolé ainsi

en me souriant, affaibli et maigre et, néanmoins, indestructible :

— Ça me fait tant de peine de vous quitter tous

et il a continué à sourire, avant de changer de conversation. Après sa mort j'ai retrouvé, soigneusement rangés dans un tiroir, tous mes dessins d'enfant, mes cahiers d'école, les lettres que je lui écrivais, mon brevet des collèges que j'avais couru lui offrir, bien entendu dédicacé

Pour mon grand-père de la part d'António

et qu'il avait reçu avec un silence ému. Récemment, j'ai revu son chauffeur

— Combien de fois faudra-t-il te dire de ne pas renifler le cul des autres ?

vieux maintenant, il m'en a parlé la larme à l'œil. De même, voilà quelques années, monsieur José, le métayer, m'a prié d'entrer dans sa maison parce qu'il voulait m'offrir une bière

— Une bière, jeune homme

et j'ai vu dans la salle à manger la photo de mon grand-père au milieu du mur, la femme de monsieur José, toute fière, l'a désignée comme une image pieuse

— Notre maître

si bien qu'aujourd'hui, fête de Santo António, tu continues à me manquer. Tout comme me manquent les moments que nous avons passés ensemble à la fête foraine, au Coliseu, où dans le hall tu criais à tes petits-fils tes ordres de capitaine

— Allez tous faire pipi

à Padoue, près du tombeau de ton saint

— Promets-moi d'amener ton fils ici

dans le manège de la septième cavalerie que je détestais, chez le marchand de glaces Santini, sur les terrasses de cafés où tu me laissais mélanger jus d'orange et fruits de mer, chez les tantes du Brésil mortes depuis si longtemps. Mais aujourd'hui, fête de Santo António, j'ai de nouveau parlé avec toi. Je suis allé seul à l'église avec un œillet, j'ai mis à mon doigt la bague du vicomte, j'ai souri à ta photo

— Ça me fait tant de peine que tu nous aies quittés

et ensuite, comme je sais que tu n'aimes pas les pleurnicheries, j'ai continué à sourire avant de changer de conversation. Si tu me regardes bien, tu verras que je ne suis pas triste. Je garde mon sang-froid : je ne suis pas un pédé.

Le nombril du nombril du nombril

Il passait son temps à se plaindre de passer son temps à se plaindre. Les moments qu'il ne passait pas à se plaindre de passer son temps à se plaindre, il les passait à se plaindre de se plaindre qu'il n'avait pas de raison de se plaindre, mais le fait de se plaindre qu'il n'avait pas de raison de se plaindre le poussait à passer son temps à se plaindre qu'il passait son temps à se plaindre. Il s'est plaint à son médecin qu'il ne se plaignait pas tant que ça, alors que sa femme, elle, passait son temps à se plaindre, mais sans jamais se plaindre qu'elle passait son temps à se plaindre, hélas le médecin s'est plaint de ne pouvoir soigner ses plaintes, car il n'était pas formé pour traiter des patients qui ne passaient pas leur temps à se plaindre de passer leur temps à se plaindre, mais uniquement ceux qui se plaignaient de leur foie, de leur cœur ou de leurs reins, des organes qui se plaignaient sans se plaindre de ce qu'ils se plaignaient, alors il l'a recommandé à un spécialiste qui soignait ceux qui passent leur temps à se plaindre de passer leur temps à se plaindre. L'homme qui passait son temps à se plaindre de passer son temps à se plaindre s'est plaint du délai d'attente entre chaque consultation

tout en s'excusant de se plaindre qu'il passait son temps à se plaindre

à la secrétaire du spécialiste de ceux qui passent leur temps à se plaindre de passer leur temps à se plaindre, elle lui a répondu qu'il était naturel qu'il se plaigne de ce délai puisqu'il passait son temps à se plaindre, d'ailleurs elle-même avait des raisons de se plaindre de ceux qui passaient leur temps à se plaindre de passer leur temps à se plaindre, car non seulement ils passaient leur temps à se plaindre de passer leur temps à se plaindre, mais ils se plaignaient aussi d'autres choses, par exemple du délai d'attente entre les consultations chez les spécialistes de ceux qui se plaignent de passer leur temps à se plaindre. L'homme s'est excusé auprès de la secrétaire de s'être plaint, en ajoutant qu'il comprenait parfaitement que sa plainte était sans fondement, car vu le nombre de gens qui se plaignent de passer leur temps à se plaindre, il était naturel que le spécialiste de ceux qui passent leur temps à se plaindre de passer leur temps à se plaindre ait son cahier de rendez-vous surchargé par d'anciens patients qui se plaignaient de passer leur temps à se plaindre de passer leur temps à se plaindre, et qu'il lui était difficile de recevoir de nouveaux patients qui passaient leur temps à se plaindre de passer leur temps à se plaindre et d'avoir le loisir d'écouter leurs plaintes avec toute l'attention que méritent ceux qui se plaignent de passer leur temps à se plaindre. Il est donc retourné chez son médecin de famille et s'est plaint que le spécialiste de ceux qui passent leur temps à se plaindre de passer leur temps à se plaindre n'ait pas le temps d'entendre ses propres plaintes, moyennant quoi il sollicitait une seconde recommandation pour un second spécialiste de ceux qui passent leur temps à se plaindre de passer leur temps à se plaindre. Le médecin de famille s'est plaint que l'homme lui faisait perdre son temps qu'il consacrait non pas à ceux qui passaient leur temps à se plaindre de passer leur temps à se plaindre, mais à ceux qui se plaignaient de leur foie, de leur cœur ou de leurs reins, des organes qui se plaignaient sans se plaindre de ce qu'ils se plaignaient, et il a fini par le diriger vers un hôpital où, disait-il, on ne soignait que des patients qui passaient leur temps à se plaindre de passer leur temps à se plaindre. L'homme s'est rendu à l'hôpital où, d'après son médecin, on ne soignait que des patients qui passaient leur temps à se plaindre de passer leur temps à se plaindre, et, en effet, il s'est retrouvé dans une salle d'attente remplie de gens qui se plaignaient de passer leur temps à se plaindre de passer leur temps à se plaindre, assis sur des bancs le long des murs, et qui se plaignaient les uns aux autres non pas de passer leur temps à se plaindre de passer leur temps à se plaindre, mais du fait que les spécialistes de l'hôpital, qui passaient leur temps à soigner des gens qui se plaignaient de passer le leur à se plaindre, n'aient plus le temps pour soigner les gens qui se plaignaient de passer leur temps à se plaindre, occupés qu'ils étaient à se plaindre à la direction qu'ils passaient leur temps à soigner des gens qui passaient le leur à se plaindre de passer leur temps à se plaindre, sans leur laisser le temps à eux, spécialistes de ceux qui se plaignent de passer leur temps à se plaindre, de bavarder les uns avec les autres, de prendre un café, de courtiser la nouvelle infirmière ou de recevoir les représentants en produits pharmaceutiques qui leur apportent les dernières nouveautés en matière de comprimés, capsules, pastilles, piqûres, ampoules buvables et autres poudres effervescentes, destinés à en finir avec les plaintes de ceux qui se plaignent de passer leur temps à se plaindre qu'ils passent leur temps à se plaindre. Au bout de trois mois d'attente, l'homme qui passait son temps à se plaindre qu'il passait son temps à se plaindre fut enfin reçu par un spécialiste de ceux qui passent leur temps à se plaindre de passer leur temps à se plaindre, mais en entrant dans le cabinet, il n'a trouvé personne sinon un bureau vide et une fenêtre ouverte. Il est allé chercher la nouvelle infirmière qui l'a écouté avec cette méfiance qu'ont les infirmières à l'égard de ceux qui passent leur temps à se plaindre de passer leur temps à se plaindre, mais elle a finalement accepté de le suivre jusqu'au cabinet du spécialiste de ceux qui passent leur temps à se plaindre de passer leur temps à se plaindre. Effectivement, le cabinet était vide. Ils sont allés se pencher à la fenêtre, juste à temps pour voir le spécialiste de ceux qui passaient leur temps à se plaindre de passer leur temps à se plaindre sortir par le portail de l'hôpital les mains dans les poches, une cigarette à la bouche, et réfléchissant au moyen le plus sûr d'achever ce texte. Il a fini par le trouver. Parfois, il se rend encore à l'hôpital, déguisé en quelqu'un qui passe son temps à se plaindre de passer son temps à se plaindre, les médecins lui donnent du monsieur Antunes et lui demandent s'il se sent mieux. Il répond

— Grâce à Dieu docteur

parce que c'est un homme bien élevé qui n'a plus jamais mis les pieds dans son cabinet. Ses collègues croient que le Dr Lobo Antunes est mort depuis très longtemps, non pas son père ni son frère chirurgien, mais ce professeur qui a travaillé ici. Un farfelu toujours dans les nuages, qui se fichait de tout.

Ça te gênerait de me laisser tranquille ?

Alfredo dit que non, mais j'en doute. Ce n'est pas que je mette en cause sa parole : nous sommes nés dans la même rue, sa mère ne faisait aucune différence entre nous, autrement dit quand elle lui donnait une fessée elle m'en donnait une également, et ensuite la même école, la même caserne, le même emploi, quelques filles en commun, une passion partagée pour le billard, nos mariages à une semaine d'intervalle, les déjeuners à quatre le samedi dans le restaurant de mon cousin de Ginjal, où celui-ci vient toujours bavarder à notre table, mais qui loin de nous faire un cadeau pour l'addition se trompe en ajoutant au poisson-épée un riz au lait qu'aucun de nous n'a mangé. De riz au lait en riz au lait, il finira un jour par devenir riche. D'ailleurs il commence à être riche : il a offert un 4 × 4 à sa fille et compte ouvrir un second restaurant à Almada. Le restaurant n'est encore qu'un projet. Sa fille, projet réalisé, fêtera ses dix-neuf ans en mars. Le 4 × 4 flambant neuf s'est mis à rôder, depuis quelque temps, autour de l'immeuble d'Alfredo. En qualité de cousin de mon cousin, et donc de cousin éloigné de sa fille, j'ai demandé à Alfredo s'il ne fricotait pas avec la petite. Alfredo dit que non, mais j'en doute.

Cette affaire m'ennuie. Je n'ai pas envie d'être privé de nos déjeuners le samedi à Ginjal, Alfredo est comme un frère et je n'aimerais pas bêtement mettre fin à quarante ans d'amitié. Quarante ans, comme l'assure notre chef, c'est une vie, qui plus est quarante ans sans une seule dispute, un seul problème, un seul soupçon, un seul différend. L'unique chose qui nous sépare, c'est le foot : Alfredo ne manque pas un match, moi j'en profite pour aller faire un petit tour, vous comprenez, nous les hommes, il nous faut sortir, s'éloigner, aller un moment au café pendant que nos femmes s'occupent de la maison, car au cours de la semaine elles travaillent et regardent leur feuilleton brésilien, et quand ma femme renâcle, je m'empresse de lui expliquer

et c'est vrai

l'avantage est que je ne reste pas là à gêner l'aspirateur. Donc, hormis ces trois heures de foot

une heure et demie de jeu, une heure et demie de transport

nous étions, lui et moi, comme cul et chemise tout le reste du temps, jusqu'à ce que survienne voilà un mois ou deux cette histoire de 4 × 4, cette gamine endiablée, Alfredo

je l'imagine bien

hésitant, cédant, songeant à moi, hésitant de nouveau, cédant davantage encore, songeant à sa femme, hésitant légèrement, regardant la petite et cédant complètement. Et si la jeune fille est bien comme je l'imagine, encore quelque temps et il divorcera, et une fois divorcé c'est lui qui ajoutera un riz au lait au poisson-épée et qui dirigera tous les restaurants de mon cousin.

Cela me préoccupe. Non pas qu'il me gruge d'un riz au lait ni qu'il devienne un parent

il est plus difficile de rester frères que de devenir parents

ce qui me préoccupe c'est qu'il divorce. Nos femmes, grâce à Dieu, s'entendent bien, se téléphonent, font leurs courses ensemble, or s'il quittait la sienne, je vois mal ma femme côtoyer la gamine, à cause de leur différence d'âge et de goûts, mais aussi parce que je n'imagine guère Amélia se promener en 4 × 4 avec ses problèmes de dos. Et puis il y a la femme d'Alfredo. Et c'est là, franchement, que les ennuis commencent. Tant qu'Alfredo sera marié, il n'y aura pas de problème : nous avons nos trois heures de foot, nous suivons le match à la radio, le jeu prend fin et

— Bon, poupée, je dois m'en aller avant qu'il revienne

Eunice, ne voulant pas blesser son mari et sachant que lui et moi sommes plus que des frères, comprend. Mais, délaissée, cela changerait la donne. Elle commencerait à demander, à exiger, à faire des scènes, je veux que tu quittes Amélia, je veux que tu viennes ici, je veux que tu vives avec moi, je veux ci, je veux ça, bref, elle me pourrirait la vie. Je lui dirais que je ne peux pas, je la prierais

— Ça te gênerait de me laisser tranquille ?

il me faudrait mentir d'un côté comme de l'autre, inventer des histoires, avoir des insomnies, perdre l'appétit. Et ça, bonté divine, non. Alors, pour sauvegarder mon amitié avec Alfredo, je suis allé tout raconter à mon cousin. Mon cousin a envoyé sa fille chez un beau-frère au Venezuela, où il lui a ouvert un prêt-à-porter, et mardi, depuis Caracas, elle lui a annoncé qu'elle sortait avec le filleul d'un propriétaire de garage et qu'elle ne songeait plus du tout à rentrer. Son 4 × 4, c'est moi qui l'ai racheté. Ma femme, la pauvre, ne peut pas en profiter

les caprices de sa colonne

mais moi si, je l'utilise pour aller faire mon petit tour pendant le match de foot. La femme d'Alfredo a les reins solides, je la prends et la dépose en bas dans une ruelle où personne ne peut nous voir, si bien qu'Alfredo et moi continuons à nous entendre comme cul et chemise. Notre chef a raison : quarante ans d'amitié, mine de rien, c'est une vie.

Il y a parfois des surprises

Il y a parfois des surprises. Je suis là courbé sur mon roman, en proie à l'angoisse et aux doutes

(écrire est une activité que j'associe rarement au plaisir)

les mêmes que je ressentais quand j'ai débuté, en octobre 1998, les mêmes qui me talonneront quand d'ici quelques mois je le remettrai à mon agent qui le remettra aux éditeurs, la crainte de ne pas avoir réussi, de m'être fourvoyé, d'avoir dispersé en cendres la matière incandescente que j'avais entre les mains

(et cette fois, mon Dieu, j'avais tant de matière incandescente entre les mains)

je suis là à m'échiner sur un roman quinze heures par jour tous les jours, anxieux, furieux, prêt à tout planter là, à tout jeter à la poubelle, à faire autre chose, et cependant je continue, tel un bœuf labourant les mots, à dépouiller la gangue inutile de centaines de pages, m'endormant et me réveillant avec elles, y laissant temps et santé, exaspéré, découragé, confiant, exténué, et là-dessus, la surprise, le miracle d'une lettre, une pause amicale, affectueuse et paisible dans ce duel acharné. Une lettre de Porto, avec une photo de ma fille Zezinha enfant, en Angola, et cette lettre me parle, avec des mots qui me vont droit au cœur, de choses que j'avais oubliées, des accouchements, des autopsies, une épidémie de choléra, la solidarité devant la souffrance, la maladie, la misère de la guerre et de la mort, elle me parle, avec des mots qui me vont droit au cœur

(pourquoi est-ce que je n'écris pas comme ça, avec cette sèche simplicité, cette humble tendresse, cette force ?)

de l'importance du courage, autrement dit de ne pas avoir peur d'avoir peur, d'une centaine de garçons perdus dans la brousse qui s'efforçaient de survivre grâce à une gaieté paradoxale. Il était fourrier, il s'appelait Firmino Alves et nous avons vécu un an ensemble, à Baixa do Cassanje, à la frontière du Congo. Marimba, Marimbanguengo, Mangando, au souvenir de ces noms je sens toute une allée de manguiers frémir dans mes veines. Il s'appelait Firmino Alves et par miracle il a survécu à l'horreur qui a emporté beaucoup de nos camarades au cours de ces vingt-quatre mois d'Afrique. Malgré tout, quelle leçon d'espoir il m'a toujours donnée et me donne encore aujourd'hui avec ses mots. Un livre, en fait, n'est rien à côté de cette lettre qui m'a soudain illuminé l'âme : le fleuve Cambo infesté de crocodiles

(tu t'en souviens, cher fourrier ?)

et nous, des crocodiles également, lents, opaques, cruels, nos petits yeux à la dérive sur les eaux immobiles. Pourtant, étrangement, tout cela nous manque. Peut-être parce que la cruauté n'était pas sadique ni la violence perverse. Après des mois et des mois de guerre, on se retrouvait plongés dans la simplicité instinctive des animaux. Ni réflexions, ni rêves, ni problèmes de conscience : rien que le désir de se maintenir à la surface des jours. La patrie pouvait aller se faire voir, et avec elle le fascisme, la démocratie et tout le bataclan. J'étais un animal qu'un coucher de soleil intéressait davantage qu'une idée, obéissant à une pulsion de survie élémentaire. Je luttais seulement pour que les rescapés de la compagnie restent vivants et animaux comme moi, pour que les habitants des villages entre Marimba et la frontière restent vivants et animaux comme moi. Car ceux qui n'étaient pas avec nous et qui donc échappaient à la mort, c'étaient ces fils de pute de Luanda et de Lisbonne, les politiques, les généraux, les grands industriels, ces salauds du Portugal depuis le Minho jusqu'au Timor. Mais ces salauds n'existaient pas : nous seuls existions. Et c'est une chance pour eux, car si nous les avions croisés dans la brousse, sans doute auraient-ils cessé d'exister. Te souviens-tu, cher fourrier, comme c'était facile de tirer ? Te souviens-tu quand il a fallu confisquer les armes aux hommes pour éviter que l'on se tue les uns les autres ? Te souviens-tu de ces parties de cartes avec un revolver posé sur la table telle une menace haineuse ? Le partenaire transformé en ennemi et chacun prêt à le descendre quand il gagnait un pli ? Et pourtant

(te souviens-tu, cher fourrier, tu m'en parles dans ta lettre ?)

j'ai lutté durant des heures pour sortir des enfants vivants du ventre de leur mère à moitié morte, je disparaissais pendant des semaines dans Baixa do Cassanje pour arracher des inconnus aux griffes de la maladie, je faisais tout et n'importe quoi pour guérir des malheureux. Qui pourrait m'expliquer une chose pareille, qui pourrait nous expliquer une chose pareille ? Comment peut-on être, en même temps, aussi brutal et compatissant ? Curieusement, on croit pouvoir oublier. Je pensais avoir oublié, j'étais là penché sur mon roman

(je suis là penché sur mon roman)

comme autrefois sur un enfant qui ne voulait pas sortir du ventre, et que mes doigts cherchaient en tremblant. Une ou deux fois, le fourrier Alves m'a aidé. À présent, il n'est plus là, je dois tout faire seul. Il n'est plus là, c'est une façon de parler. Il est arrivé hier par lettre, de Porto, et les manguiers de Marimba ont frémi aussitôt dans mes veines. Ils sont encore là, ils ont toujours été là. Eux et nous deux dans l'infirmerie improvisée, émus par un premier sanglot impatient et victorieux. Quelles sinistres, touchantes, impitoyables et merveilleuses bêtes nous faisions.

Ne fais pas attention à mes chichis

J'ignore depuis combien de temps je suis assis là à t'attendre. Un quart d'heure ? Une demi-heure ? Plus ? Je me dis : J'attends que passent dix voitures rouges, et si elle n'est toujours pas là, je m'en vais. Je me dis : Je compte jusqu'à trois cents et arrivé à trois cents, si je ne te vois pas, je demande l'addition. Douze voitures rouges sont passées et je suis encore là. J'en suis à quatre cent vingt-trois et je continue à t'attendre. Je recompte de quatre cent vingt-trois jusqu'à zéro, persuadé qu'à cent cinquante tu apparaîtras entre les tables de la terrasse, un imprévu t'a retenue au bureau, un appel de ta mère, le cauchemar pour garer ton 4 × 4. Mais comme je remarque une traînée de rouge à lèvres sur ta joue et qu'il me semble sentir, mêlée à ton parfum, une odeur d'après-rasage, j'ai quelque peine à te croire. Je dis

— Tu as du rouge à lèvres sur la joue

l'expression de tes yeux change, tu sors un petit miroir de ton sac, tu inspectes ta joue, tu me demandes un mouchoir en papier, tu essuies le rouge à lèvres, tu cherches ton tube argenté dans un fouillis de clefs et d'agendas, tu redessines ta bouche plus lentement que d'habitude pour te donner le temps de trouver une excuse, tu remets tout dans ton sac, tu souris car tu as trouvé un mensonge, l'expression de tes yeux change de nouveau, ta main vient se poser sur la mienne, puis la quitte pour cajoler mon menton, tu commandes je ne sais quoi au serveur, tu m'expliques qu'un soubresaut de la voiture a fait déraper ta main, tu as commencé à te maquiller à un feu rouge, il est passé au vert, une fourgonnette a klaxonné derrière toi et il est difficile pour une femme de se faire belle tout en tenant le volant, c'est compliqué de faire attention à la fois à son visage et aux aléas de la circulation dans un rétroviseur. Ta main abandonne mon menton, pince mon oreille et à ce moment-là je ne suis pas loin de te croire. Mais une part de moi reste incrédule et insinue

— Tu sens un autre après-rasage que le mien

ta main qui caressait mon lobe

(personne ne caresse mon lobe comme toi)

hésite, s'offusque, ta chaise s'écarte d'un air indigné, sous prétexte de renifler tu sens ton chemisier, tu découvres l'odeur, tu t'éloignes un peu plus pour que je ne sente plus cet après-rasage, tu te dérobes par une pirouette

— Je me suis rasé la moustache

comme toujours tu te défends en m'attaquant

— C'est impossible de vivre avec un homme qui se méfie de tout

tu cherches à sauver la face en prenant la mouche

— Ton manque de confiance me blesse

tu allumes une cigarette dans l'espoir que la fumée étouffe l'odeur mais elle ne l'étouffe pas

ton air boudeur embellit ton visage, c'est à mon tour de te caresser le lobe de l'oreille car ta beauté m'attire, tu me repousses

— Laisse-moi

pour renforcer ta victoire tu exiges des excuses, craignant de te voir partir je vais jusqu'à te dire

— Sans doute me suis-je trompé

et là-dessus je me rappelle que cet après-rasage est le même que celui porté par le mari de ta cousine, celui qui s'occupe de faire réviser ta voiture au garage

— Carlos est un garçon adorable

et qui cet été t'a ramenée de l'Algarve parce que je ne sais quel travail t'attendait au bureau à Lisbonne, si bien que je t'ai rejointe deux jours après avec les enfants. Je me souviens aussi de t'avoir téléphoné le soir et que tu ne m'as pas répondu

— Je devais dormir comme une souche

tu avais une tache brunâtre, comme un suçon, sur le bras. Carlos est plus grand que moi et il a du bagout. Il sait faire rire les gens. Il fume des cigarillos. M'appelle

— Nabot

et m'assène des tapes dans le dos à me déboîter les vertèbres. Tu as l'habitude de faire avec lui un tour de scooter des mers, mais je trouve que tu pourrais éviter de le serrer autant lorsqu'il prend ce virage près de la plage. Vu la tête de ta cousine, je pense qu'elle n'est pas loin de me donner raison. Je me trompe peut-être. Je me trompe sûrement. Ton air boudeur te rend si belle que je suis certain de me tromper. Tout bien considéré je ne t'ai jamais aidée à faire réviser ta voiture, ceux qui arrivent épuisés de leur travail s'endorment comme des souches, il convient de bien s'accrocher sur un scooter des mers car on ne sait jamais, ta cousine exagère tout, on peut tout à fait aimer un homme de petite taille et aux vertèbres fragiles qui accorde trop d'attention à des détails superflus comme le rouge à lèvres et les après-rasage. Je rapproche ma chaise de la tienne et te demande pardon. Ce soir, si le cœur t'en dit

rarement le cœur t'en dit

— On verra demain, d'accord ?

peut-être que nous batifolerons, et ensuite ton nez pointé vers le plafond comme si tu faisais la grimace

mais tu ne fais pas la grimace, bien sûr que non

et moi, sans voir ton suçon sur le bras

ne te laisse jamais sucer le bras

moi, malgré ce suçon sur ton bras, je me calerai contre mon oreiller, et je me sentirai

comment dirai-je ?

satisfait, Fernanda, satisfait.

La santé de cheval de mon père

La semaine dernière, ma mère est partie avec le meilleur ami de mon père, monsieur Bentes. Ni ma sœur ni moi ne comprenons pourquoi : monsieur Bentes a plus de soixante ans, il lui manque une incisive, il porte des lunettes et de temps en temps il se lève

monsieur Bentes est en tout cas bien élevé

— Excusez-moi

et se rend aux toilettes, très pâle, pour se faire sa piqûre contre le diabète. Mon père, en revanche, jouit de toutes ses incisives et d'une santé de cheval. Santé de cheval est une expression de ma mère

— Quel santé de cheval, Agostinho

qu'elle marmonne toujours entre ses dents, sur un ton fielleux que ma sœur et moi voilons sous un sourire gêné, pour laisser entendre à monsieur Bentes que la colère de ma mère est une forme de tendresse. Monsieur Bentes sourit à son tour, malingre et chauve dans un coin du canapé, reconnaît la santé de cheval de notre père et la tendresse de notre mère, sort de sa poche une petite boîte de pastilles adoucissantes que j'ai goûtées une fois et qui donnent au café une saveur triste, puis il hausse légèrement ses courtes épaules

— Comme j'aimerais avoir ton énergie, Agostinho

et reste là à remuer son café, nargué par mon père qui vide la moitié du sucrier dans sa tasse dans un élan triomphal, qui renforce ses incisives et sa victoire, tandis que ma mère

— Non mais regardez-moi ce cochon

va s'asseoir, écœurée, sur le canapé près de monsieur Bentes, où il me semble que leurs doigts s'entrelacent. J'ai fait part à ma sœur de cette impression, mais elle m'a dit que j'exagérais. J'exagère sûrement. D'abord parce que mon père pèse quatre-vingt-dix kilos, et ensuite parce que les doigts de monsieur Bentes sont si frêles qu'on les entendrait craquer si ma mère les serrait. Je n'ai rien dit à mon père : outre sa santé de cheval, c'est un homme impulsif et sa main a la gifle facile. Ma mère, une femme franche, affirme qu'il est toujours à cran alors que monsieur Bentes, la douceur même, lui rappelle la souris blanche aux yeux rouges que mon grand-père lui avait offerte dans son enfance, mais qu'il avait involontairement écrasée sous son talon quinze jours après. Ce dut être un grand chagrin pour elle, car mon grand-père a fait empailler la bestiole. Elle est toujours là, avec sa tête un peu tordue et ses yeux de verre, sur le napperon de la commode, à côté du saint Sébastien en céramique dont chaque flèche est un cure-dents. Après le dîner, mon père cure ses dents avec les flèches avant de les remettre à leur place. La souris blanche, elle, ne sert à rien sinon à faire soupirer ma mère dès qu'elle la regarde.

Ma sœur pense que notre mère va revenir : si elle était partie pour toujours elle aurait emporté la souris. Peut-être. Mais j'ai l'impression de l'avoir entendue appeler monsieur Bentes

— Ma petite souris blanche

lorsqu'elle lui a ouvert la porte le mois dernier, tout comme il me semble l'avoir vue passer sa main sur son visage aux traits délicats. J'ai même cru entendre monsieur Bentes couiner. Ma sœur a suggéré que monsieur Bentes avait peut-être de l'asthme. Les diabétiques

voyez l'encyclopédie de médecine familiale

s'essoufflent au moindre effort. Le fait est que la semaine dernière ma mère a disparu, et la marraine de monsieur Bentes, avec qui celui-ci vivait, a déclaré que son filleul avait aussi disparu. De plus, la voisine du rez-de-chaussée affirme que son cousin les a vus dans un hôtel à Torres Vedras, où ma mère lui aurait révélé qu'elle partait vivre en Espagne

— Avec une petite souris blanche de mon cœur

tandis qu'elle prévenait monsieur Bentes

— C'est l'heure de prendre ton insuline, mon petit rongeur

Monsieur Bentes aurait dit

— Excusez-moi

et se serait rendu aux toilettes, pâle. Ma sœur ne croit pas un traître mot de tout cela. Selon elle, les gens sont naturellement portés à inventer toutes sortes d'histoires sur les autres parce que le bonheur d'autrui les dérange. En parlant du bonheur d'autrui, ma sœur fait sans doute allusion à la vie conjugale

l'encyclopédie de médecine familiale fait toujours allusion à la vie conjugale

de nos parents. Mais je n'en suis pas sûr. J'ai beau tourner et retourner la question, je n'en suis pas sûr. Avant monsieur Bentes, il y a eu monsieur Cosme, avant monsieur Cosme, il y a eu monsieur Osvaldo. Tous malingres et chauves. Tous très polis. Tous petits. Pas aussi petits, chauves et malingres que monsieur Bentes, mais petits quand même. J'aimerais trouver le courage d'en parler à mon père, connaître son opinion, savoir ce qu'il en pense. Peut-être qu'il n'en pense rien. Depuis que ma mère est partie, il n'a pratiquement pas quitté le potager. Il a apporté au milieu des choux un tabouret de la cuisine et le saint Sébastien percé de flèches, et il passe là ses soirées à se curer les dents et à compter les étoiles au-dessus du néflier. Lorsque ma sœur l'appelle pour dîner, il répond

— Deux cent trente et un

ou

— Trois cent soixante-quatre

et lui fait signe de s'en aller. Aucun d'entre nous ne l'a jamais vu pleurer : les larmes l'empêcheraient de distinguer les étoiles dans le ciel. Pour ma part, je ne crois pas que mon père soit du genre à pleurer. Le seul fait de jouir d'une santé de cheval fait de quiconque un homme heureux. J'ignore à combien d'étoiles il en est

huit cents ?

neuf cents ?

mais il y a une vingtaine de flèches du saint dans le potager, éparpillées autour du néflier.

Bonjour, Eugénio

Cocteau disait qu'il y a des hommes au cœur de diamant qui réagissent seulement aux feux d'autres diamants et négligent tout le reste. Ce n'est qu'en compagnie de ces rares buissons ardents que je me sens en famille, ce qui revient à dire que je suis presque toujours seul. Mais je ne peux pas me plaindre : les hasards de la vie ou l'art de naviguer par instinct dans la bonne direction m'ont conduit, de loin en loin, vers des Açores et des Madères perdus au milieu des vagues, Wolfram Schüttre, Marisa Blanco, Eugénio de Andrade, des volcans d'amitiés exigeantes et limpides, des îles fraternelles d'une rigoureuse tendresse, des abris de douces pierres où reposer son inquiétude, des êtres qui nous réconcilient avec la nuit la plus obscure de l'âme évoquée par Scott, parce qu'ils nous permettent d'en extraire des lueurs d'aurore. C'est d'Eugénio de Andrade dont je parlerai aujourd'hui, éternel balcon de basalte en flammes donnant sur la mer. On vous dit l'ami le plus intime du soleil : oui, mais il s'agit d'un soleil obstiné et sévère. On vous dit poète : oui, car la fraîcheur de vos paroles traduit l'ardeur courroucée de votre sang. On vous dit d'un caractère difficile : oui, mais cela n'entame pas la candeur du sourire qui éclaire parfois vos traits et nous montre l'unique chemin à travers les pommiers menant droit au fleuve. Je ne connais personne aux gestes si lents et à l'intelligence si vive. Là où votre oreille délicate se pose, tout se fait coquillage. Tout ce que vos doigts touchent devient sensible et électrique comme le corps d'un chat. Là où plongent vos yeux jaillit une féroce joie de vivre. Pourtant, quelle géographie de douleur dévaste votre visage, quelle sombre discrétion voile vos souffrances, et quelle impitoyable gravité dans chacune de vos syllabes scandées. Mais c'est la totale absence de vanité de votre orgueil qui m'a le plus profondément touché quand je vous ai rencontré. José Cardoso Pires, qui n'avait pas l'enthousiasme facile, m'a récité le poème qu'Eugénio de Andrade avait composé pour la mort de José Dias Coelho, alors que les héros bâillonnés de peur se taisaient en ces années de dictature. Non pas un pamphlet, ni un manifeste, ni un cri, mais la voix tranquille d'un homme parlant d'un autre homme à la stature terrienne démesurée. L'un de ses livres s'intitule *À ras du dire* et celui-ci, dépouillé de tout ce qui n'est pas corps, nous ramène à notre condition d'animaux divins à travers ces pages qu'il accepte de publier. Bien qu'en état de guerre, Eugénio nous réconcilie avec nous-mêmes en laissant entrevoir les échelons qu'il faut gravir pour se retrouver là-bas, englués dans cette chaude urine et ces autres liquides obscurs qui nous protègent à la naissance et nous accompagnent au seuil de la mort, pauvres créatures muettes barbouillées de morve et de poussière céleste. Outre votre amitié d'airain, je vous dois également ceci : le portrait de ma condition et la certitude que vos vers perpétueront quelque chose de moi, sous la forme d'un oiseau, d'un nuage ou d'une orange mûre. J'ai écrit un jour qu'un cœur qui se ferme fait plus de bruit qu'une porte. Vous n'imaginez pas combien je vous suis reconnaissant, Eugénio, pour la tendresse vigilante du vôtre qui m'invite en silence à entrer là où un masque de bronze nous attend vous et moi, dans cette pièce bercée par les palmes de votre voix.

Maria Irene

Je ne pensais pas à toi. Voilà des années que je ne pensais plus à toi. J'avais fait le deuil de notre liaison. Tout va assez bien pour moi

(ça porte la poisse de dire que tout va très bien)

je suis en bonne santé, je ne vois aucune raison de me plaindre de mon travail

ça ne va jamais comme on veut mais on fait avec

à la maison j'ai des personnes attentionnées qui m'aiment, nous avons les moyens de nous évader chaque été hors de Lisbonne

(nous louons un petit appartement en Algarve, mais cette année nous irons peut-être en Espagne, j'ai vu un prospectus dans la boîte aux lettres et ce n'est pas cher)

nous avons changé le carrelage de la cuisine, en mars ma cousine a accouché d'un petit garçon. De temps en temps, j'écris un poème lorsqu'une idée me traverse l'esprit. J'ai là, dans ce tiroir, tout un cahier rempli de vers. D'aucuns pensent que je devrais les publier, mais je les juge trop intimes, ils sont écrits pour moi seul. Ne t'inquiète pas, dans aucun d'eux il n'est question de toi. Non par pudeur, mais parce que je ne pensais plus à toi.

Par ailleurs, si j'ai cinq ans de plus, je n'ai guère changé : pas un cheveu blanc, pas une ride. Bien sûr je sens quelque fatigue en grimpant l'escalier le soir après le travail, et de temps à autre je me réveille à minuit : non pas à cause d'un rêve ou d'une douleur ou autre, je me réveille sans raison. Il me faut un certain temps pour réaliser où je suis, mais dès que j'en prends conscience, je me rendors aussitôt. Ma cousine me conseille de ne pas m'en soucier, si bien que je n'y pense guère. Aujourd'hui, un pot de zinnias est venu orner le balcon. C'est toujours une compagnie, d'autant que ce balcon paraissait vide depuis la disparition de notre chat. L'arrivée des zinnias comble en partie ce manque. Au moins les fleurs ne se font pas les griffes sur le canapé ou sur un tapis. Un arrosoir par semaine et voilà tout. C'est tout de même dommage qu'elles ne puissent pas sauter sur mes genoux.

Par conséquent

(mon père commençait souvent ses phrases ainsi, surtout pour parler de politique. Il se carrait dans son fauteuil, levait ses lunettes sur son front, murmurait vers le plafond

— Par conséquent

le gouvernement actuel, affirmait-il avec un clignement de paupières

un tic à lui

conduit le pays droit à la faillite

idem)

par conséquent je n'ai aucun droit

(une autre de ses expressions :

— Tu n'as aucun droit de m'ennuyer)

de me plaindre de quoi que ce soit. Donc je ne me plains pas. De tristes évènements se sont produits, bien sûr, mais sans me toucher outre mesure : la rupture d'anévrisme de madame Angela, ma tante qui a souffert des jours durant d'une infection à la jambe. Malgré les nombreuses piqûres reçues au centre médical, sa guérison fut longue. Elle boite un peu, mais elle garde espoir : le médecin lui a déclaré que la semaine prochaine, si elle le souhaite, elle pourra même participer à un demi-marathon. Ma cousine l'apprécie car c'est le médecin le plus enjoué qu'elle connaisse. Pour sa part, les demi-marathons lui sont interdits : il marche avec une canne depuis qu'enfant il s'est déboîté le genou en tombant. Dans la salle d'attente, on reconnaît son pas au martèlement de sa botte orthopédique. À son autre pied, il porte une chaussure tout à fait normale, si bien qu'il paraît double si l'on se borne à regarder le bas de ses jambes.

Je pourrais te rapporter encore quelques faits, mais je pense t'avoir dit l'essentiel. Principalement que je ne pensais plus à toi, qu'il y a longtemps que je ne pensais plus à toi, qu'au fond de moi je n'étais plus lié à toi. C'est ce que je croyais. Hier, par hasard, je suis passé rue du Dr Taborda Viana pour y régler un problème de factures concernant mon entreprise et je t'ai vue monter dans une voiture avec un enfant dans les bras. Je t'ai trouvée plus maigre, tu portais un manteau marron que je ne connaissais pas, tu as changé de coiffure, pourtant je t'ai aussitôt reconnue. On croit que nos sentiments sont morts et enterrés, mais il n'en est rien. Je ne t'imaginais pas avec un enfant. Je ne t'imaginais pas avec une permanente. Tu ne m'as pas vu, tu as installé l'enfant dans ces petits sièges qu'on cale sur la banquette arrière des voitures et tu es partie. Je suis resté planté là jusqu'à ce que mon collègue me dise

— C'est pour aujourd'hui ou pour demain ?

J'ai failli lui parler de toi, mais je me suis retenu à temps. À quoi bon ? Ça fait déjà cinq ans, n'est-ce pas ? Nous nous sommes quittés bons amis dans un café, où tu as rangé ton mouchoir en m'assurant que tu ne pleurerais pas. Pourtant deux traits s'écoulaient sur tes joues, semblables à ceux que mon collègue, distrait comme toujours, n'a pas vus, tout comme il ne m'a pas vu essuyer mon visage sur ma manche. Heureusement, sitôt le problème des factures résolu, nous avons quitté la rue du Dr Taborda Viana.

Ce en quoi je me suis transformée

Il y a des jours où je suis morte de fatigue. Ce n'est pas mon travail, ni les enfants, ni tout ce qu'il me reste à faire quand je rentre, ni même mon mari. Je commence à me sentir fatiguée dès que je gare la voiture dans le garage, que j'appelle l'ascenseur, que j'ouvre la porte, et au moment où mes enfants et mon mari détournent leurs yeux de la télévision pour me sourire, je me sens morte de fatigue sans savoir pourquoi. La table est déjà dressée, et il ne me reste qu'à réchauffer le dîner laissé par notre femme de ménage dans le four à micro-ondes. Près du micro-ondes, la monnaie des courses et un message sur le bloc qui se termine par : à demain. Je vois ses chaussons dans la véranda, près de la serpillière, des chaussons si esseulés qu'ils me donnent envie de crier. Pourquoi ? Des questions, toujours des questions. Sur le stylo dont nous nous servons, une inscription en bleu : Hôtel Palmenhof, Frankfurt. Je ne sais pas d'où il vient. Qui l'a apporté ? Encore une question. Cela a-t-il toujours été ainsi ? Pour l'amour de Dieu ne me demandez pas comment s'est passée ma journée au travail, pour l'amour de Dieu laissez-moi ranger la vaisselle en paix, laissez-moi secouer les miettes de la nappe au-dessus du balcon, laissez-moi avoir l'impression de secouer ma vie. Mon fils aîné arpente le couloir à cloche-pied, mon mari joue à un jeu vidéo, une tige sèche dans le vase ressemble à quelque chose qui me ressemble. Qui ressemble à quelque chose en quoi je me suis transformée. Pourvu que ma sœur ne me téléphone pas pour nous inviter à Ericeira dimanche prochain. Mon plus jeune fils a dû s'endormir sur le canapé. On le déshabille, on lui enfile son pyjama, mais dès qu'on le couche, il se réveille. On éteint la lumière de sa chambre et ses yeux restent ouverts dans le noir à nous fixer, pleins de reproche. Tandis que nous regagnons le salon, mon mari m'embrasse dans le cou, et son odeur me plaît et me déplaît. Sur ma nuque, une sensation visqueuse comme si un escargot y avait déposé sa bave. Je voudrais rester en arrière pour la frotter sans qu'il me voie. Ou attendre qu'il se remette devant son ordinateur. Sur l'une de ses chaussures, une petite tache de boue me semble soudain énorme. Bien que je sois assise dans un fauteuil, les yeux plongés dans un magazine, mon regard ne parvient pas à s'arracher à cette tache. Mon fils aîné nous dit bonsoir la bouche pleine de dentifrice, avec ses pantoufles Mickey au sourire béat. Les Mickeys s'éloignent discrètement et quelques minutes après, une fois son ordinateur éteint, mon mari vient s'installer sur le bras de mon fauteuil, je me lève aussitôt sous prétexte d'aller vérifier si les yeux du plus jeune sont encore ouverts dans le noir avec un air de reproche. À travers les rideaux, les arbres du parc ondulent doucement entre deux réverbères. Je vais dans la salle de bains, je mets un serre-tête pour me démaquiller. Douze ans après, je suis encore surprise de voir dans le miroir une alliance à mon doigt. J'entends mon mari fourrer dans sa serviette des documents pour le lendemain, l'écran de télévision s'efface jusqu'à n'être plus qu'un petit point incandescent qui s'évanouit. Sans maquillage, mon visage me semble vide, plus de cils, plus de sourcils, plus de bouche, j'ai l'impression qu'une enfant portant ma robe m'observe avec stupeur. Demain, je me transformerai le plus tôt possible en une grande personne pour empêcher mon mari de la voir. À présent, je m'allonge en lui tournant le dos de peur qu'il ne la remarque. Son genou entre mes jambes, sa poitrine qui frôle mes épaules, son doigt qui joue avec l'une de mes boucles, se promène sur mon oreille, suit le contour de mon profil, son pied qui chatouille ma cheville, l'insupportable battement de cœur de sa montre-bracelet, son odeur qui me plaît et me déplaît. Je lui demande d'éteindre, sa main effleure ma joue, trouve l'interrupteur, se transforme en autant de doigts fébriles qui me déboutonnent sous des chuchotis que je ne comprends pas. Je me lève pour aller boire de l'eau. Dehors, les arbres du parc continuent d'onduler entre les réverbères. Des peupliers. Je m'adosse au mur et mon regard tombe sur les chaussons dans la véranda, près de la serpillière. Ils ont toujours l'air aussi esseulés qu'auparavant, mais ils ne me donnent plus envie de crier.

Tous les deux

Le problème en vieillissant c'est qu'on redevient jeune. Par exemple : au réveil, debout devant le miroir prêt à se raser, voilà qu'on se retrouve face à face avec un homme entre deux âges qui nous déclare, avec cet air que nous n'avions pas vu depuis des années, surpris et réprobateur

— Comme tu as grandi

et ajoute en s'évanouissant doucement, le rasoir à la main

— Dis aux parents que ça m'a fait grand plaisir de te voir

jusqu'à ce qu'on réalise que c'est notre main qui tient le rasoir, cet objet pour adultes

— Ne touche pas à ça António

qu'on me défendait d'approcher, et je finis par comprendre que l'homme entre deux âges n'est rien d'autre que moi, mon sourire a cédé la place à des rides, mes cheveux blonds à une mèche grisâtre, plus personne ne se fâche de me voir fumer, j'atteins les étagères les plus hautes sans l'aide d'un tabouret, cette maison est une autre maison sans le peignoir de ma mère pendu derrière la porte, je ne songe plus à écrire des livres, mais j'en écris vraiment, bref, pour moi, c'est terminé les interrogations de maths au lycée.

Le problème en vieillissant c'est qu'on redevient jeune, mais un jeune rejeté par les autres jeunes. Les adolescentes d'aujourd'hui ne me voient plus, seuls les attirent des garçons beaucoup moins jeunes que celui que j'ai été

que je continue à être

j'ai donné naissance à des filles plus âgées que moi, mais qui s'obstinent à me considérer comme leur père, où sont passés mes posters de stars de cinéma et de joueurs de foot, qui m'a pris mon *Sandokan prince de Malaisie* posé sur ma table de chevet, où sont passés mes vers à soie, mes feuilles d'aluminium de tablettes de chocolat, la bague à l'emblème de Benfica que ma grand-mère m'a achetée à la foire de Nelas, malgré la grimace de mes oncles

— Quelle horreur

elle me l'a achetée, non sans me faire promettre de ne plus jamais faire pipi dans les pots de fleurs ni cacher la canne de la cuisinière qui vivait avec nous depuis cinquante ans

cinquante ans me semble un nombre d'années inimaginable

et qui ne faisait rien sinon s'asseoir pour mastiquer ses propres gencives et donner à mon andouille de cousine

si vieille qu'elle était enceinte

du *mademoiselle*. Tout bien considéré, je n'ai pas pu vieillir : j'ai dû rêver que j'avais vieilli, et je suis resté dans ce rêve où tout paraît vrai sans l'être. Je n'ai jamais acheté cet appartement je n'ai pas l'âge pour acheter des appartements, quel notaire voudrait signer un acte de vente avec un enfant en culottes courtes ?

tous ces livres ennuyeux sur l'étagère ne me disent absolument rien, pas plus que ces tableaux ponctués de taches, ni ces canapés jamais salis par mes pieds, ni le vieux chnoque qui vient de se raser et qui examine un grain de beauté sur son nez, les yeux collés à la glace

il porte sûrement des lunettes

il porte sûrement un appareil dentaire et donc ce n'est pas moi, même s'il y a une vague ressemblance dans les yeux, dans la bouche

bien sûr que ce n'est pas moi

le vieux chnoque finit par se résigner à son grain de beauté, à mon air surpris et réprobateur

— Comme tu as grandi

je crois qu'il se cherche dans ma surprise

non pas dans ma surprise, dans ma colère contre lui

je crois qu'il se cherche dans ma colère contre lui, il fait sa raie dans les cheveux là où je fais la mienne, mais lui la fait plus lentement, avec un soin de géomètre, et sans en être prié par personne, puis il dépense bêtement du temps à tout laisser en ordre

couvercles vissés, serviette à sa place, le lavabo propre

enfin il sort en traînant dans le couloir sa lenteur d'éléphant poussif, me laissant seul dans la salle de bains. Maintenant je peux fermer la porte à clef, sortir de ma poche de pyjama la cigarette froissée Tiptop que j'ai chipée à mon père, m'asseoir sans témoin sur le bidet, ouvrir la boîte d'allumettes que j'avais cachée dans le débarras et que nul n'a remarquée, sinon la vieille cuisinière qui ne parle plus. Dès la première bouffée, je me mets à tousser, suffocant et heureux. À présent, il ne me reste plus qu'à chasser la fumée en agitant les mains, jeter le mégot dans la cuvette, tirer plusieurs fois la chasse d'eau car le mégot tournoie et tournoie mais refuse de disparaître au fond du tuyau

ouf, ça y est, il vient d'être englouti

je sors des toilettes avec un petit air innocent, en toussotant et en frottant mes paupières contre ma manche, je m'approche à la dérobée du vieux chnoque qui lutte avec le col de sa chemise, j'entre dans son corps comme dans un costume trop large

je flotte toujours dans les vêtements des adultes, et quand je me glisse dans leurs chaussures je fais un raffut de tous les diables sur le parquet

j'entre dans son corps pour me blottir au fond de ses gestes, relisant cette chronique avec lui, mort d'ennui, ayant perdu notre enthousiasme pour *Sandokan prince de Malaisie*, qui lui au moins commandait une jonque

c'est quoi une jonque ?

avec un cimeterre brandi

un cimeterre c'est sûrement un sabre ou tout comme

au lieu de ce stupide stylo, incapable d'effrayer le moindre corsaire.

Une sensation d'à quoi bon

Tu n'as pas besoin de me parler ni de rien faire, il te suffit d'être là et c'est déjà beaucoup. Tu vois, je n'ai pas changé la couleur des canapés, les rideaux sont toujours les mêmes, le tableau que tu as rapporté de chez tes parents et que je n'ai jamais aimé

(c'est ma mère qui me l'a donné, m'as-tu dit, et je suis resté muet et incrédule)

ce tableau est toujours là, au-dessus du chariot pour les boissons, notre photo trône sur l'étagère, le magazine de décoration que tu as laissé ouvert avant de partir

(Dix idées de dix décorateurs portugais pour chaque recoin de votre maison)

t'attend sur le fauteuil où tu t'asseyais toujours, affirmant qu'avec un peu d'imagination et du bon goût nous pourrions améliorer notre vie. C'est sans doute moi qui ai manqué d'imagination et de bon goût : les week-ends me laissent désarmé, un espace interminable d'heures creuses que je ne sais pas remplir, un cinéma peut-être, une promenade jusqu'à la plage, un musée

mais quel film, quelle plage, quel musée ?

ton visage boudeur entre la chambre et le salon, tes pieds qui se traînent sans enthousiasme, désœuvrés, le poids du silence, ton

— Tu n'as qu'à choisir

perpétuel en attendant l'appel sauveur d'une amie pour nous inviter à l'une de ces soirées de couples où, éteint, muet, avec un verre de whisky ou de vodka à la main, j'écoute l'inutile, la fascinante rhétorique des autres

politique, travail, une semaine à Madrid, ce genre de choses

des conversations qui me semblent

(par manque d'imagination et de bon goût)

dénuées d'intérêt, monotones, superflues, je sursaute en clignant des yeux quand quelqu'un

— Ton mari s'est endormi, Liliana

des regards de moquerie indulgente, le whisky ou la vodka qu'on m'enlève de la main avant que je ne roule sous la table, la cascade de verre d'un ricanement dont les éclats m'écorchent, toi au fond, entourée de gestes, de sourires, de discussions sur le jazz

— Ce qui m'aurait étonnée c'est qu'il ne s'endorme pas

noyée au milieu de femmes et d'hommes débordants d'imagination et de bon goût, si gais mon Dieu, si heureux, capables de t'amuser, de discourir sur tout, tandis que moi je reste tordu sur cette chaise qui jure avec ma veste, rêvant d'être à la maison les yeux fixés sur ce tableau que tu as rapporté de chez tes parents et que je n'ai jamais aimé

(je sais que c'est ta mère qui te l'a donné, n'en

parlons plus, je veux bien faire semblant de croire que c'est ta mère qui te l'a donné)

un tableau devenu soudain agréable, reposant, joli, je lis tranquillement mon journal et je sens, sans te voir, que tu es toujours là, feuilletant ton magazine de décoration

(Égayez les recoins vacants de votre intérieur)

songeant au moyen d'égayer les recoins vacants de ta vie, à savoir ton mariage, à savoir moi, à savoir l'interminable bâillement agacé que par ma faute

(par ma faute bien sûr, quel tort pourrais-tu avoir ?)

l'interminable bâillement agacé, disais-je, que par ma faute tu es devenue. Comment te charmer ? Le fait d'être représentant en machines agricoles n'excite personne, surtout quand la grosseur du salaire est inversement proportionnelle à celle des tracteurs, j'aime le silence, l'agitation me trouble, la nécessité de me montrer aimable et de trouver les autres amusants me fatigue, je ris au mauvais moment sans sincérité ni plaisir, je ne connais rien au jazz, je ne me passionne pas pour les divorces princiers

(toujours ce manque de bon goût, mon irrémédiable défaut de bon goût)

ni pour les mannequins qui vivent le grand amour avec des millionnaires égyptiens petits, gros, et qui se plaignent que l'argent perturbe leur bonheur, je n'ai pas besoin d'un second appartement

(loué à la saison)

en Algarve, ni de voyager avec un scooter des mers attelé à ma Renault, et lorsque tu me répétais que l'un de mes grands défauts

(j'en ai tellement)

était de n'avoir aucun rêve, tu me regardais avec pitié, je crois que je levais vers toi, du fond de mon journal, un regard vide, ou plutôt chargé d'une incompréhension sincère, puisque je me sentais bien avec toi, que je me sens bien maintenant que tu viens de sonner à la porte, que tu entres avec un garçon

— Je te présente Carlos

que j'ai dû croiser lors d'une soirée de congratulations collectives, tu t'es assise un moment sur le fauteuil, tu as promené ton regard tout autour, malgré ton agacement et ta lassitude tu as hoché la tête avec un air de regret, et tu m'as dit que tu venais chercher le reste de tes affaires, même si je n'ai pas besoin que tu me dises ou fasses quoi que ce soit, il te suffit d'être là

même avec Carlos

et c'est déjà beaucoup. Je n'ai pas changé la couleur des canapés, les rideaux sont toujours les mêmes, notre photo trône sur l'étagère. Peut-être qu'un jour je parcourrai les dix idées des dix décorateurs portugais pour aménager avec goût et imagination les recoins vacants de la maison. Peut-être. Et peut-être aussi parce que dans ces moments-là, même si Carlos t'accompagne, même si tu es venue chercher le reste de tes affaires, j'ai l'impression que rien n'a changé dans l'appartement. Si bien que je peux lire mon journal et rester là sans bouger, pendant des heures, alors que tu as déjà refermé la porte, alors que tu es partie, alors que je sursaute en clignant des yeux au passage d'une ambulance dans la rue.

Penn

Je couche seul, dans une chambre du bas, dans le lit où enfant je dormais. Maintenant je suis un autre et ce lit n'est plus à personne. J'imagine que n'importe qui s'y allonge et que jamais je ne retrouverai le creux de mon corps dans le matelas. On est samedi matin, le 18 août, j'ai terminé mon dernier roman depuis quinze jours et je n'ai rien à faire. Entre deux livres, un grand vide m'envahit toujours. Je suis allé jusqu'au kiosque de la plage pour acheter un polar. Par la fenêtre grande ouverte, je vois les agaves briller au soleil. La maison de ma tante récemment décédée est fermée. L'année dernière, j'interrompais mon travail à sept heures pour aller lui rendre visite. Je la trouvais assise sur une chaise en train de fumer. Jamais elle ne fermait la porte, si bien qu'on pouvait entendre les vagues quand le vent tournait. Elle marchait à petits pas et souriait rarement. Nous n'avions pas besoin de parler pour nous dire quelque chose. Nos conversations étaient surtout faites de silence. Pourtant nous parlions à n'en plus finir.

Ici, je n'entends pas le bruit des vagues : juste le craquement des vieux meubles en pin. Devant le garage, un pin qui s'incurve vers la maison. Il doit être très vieux, aucun arbre ne m'a jamais donné une telle impression de souffrir. Les agaves continuent de briller au soleil. Une fleur rouge s'est ouverte sur une tige. Cette vieille maison abrite mes frères, mes filles, mes neveux. Le tapis au pied de mon lit semble se déplacer de travers. J'ouvre mon polar au hasard : « Les mains de Penn se serrèrent sur le volant. » La traduction est-elle médiocre ou les mains de Penn se sont-elles vraiment serrées sur le volant ? « Tandis qu'il roulait vers le sud, vers Stonebridge, Penn comprit qu'il ignorait ce qu'il éprouvait et ce qu'il devait faire. » La fleur rouge oscille légèrement et il me semble qu'à présent j'entends les vagues dans un lointain écho. Peut-être est-ce mon sang. Ou des pas. Ou les murs qui s'étirent vers la lumière, ou encore un chien affamé dans le terrain vague. Des chiens jaunes, efflanqués, le museau affairé, qui interrogent des odeurs, puis repartent. Dès que je m'approche, ils détalent, mais en m'épiant. Je jette un dernier coup d'œil par-dessus mon épaule et c'est fini : adieu, chiens. Sur la couverture de mon polar, un homme en imperméable et chapeau pointe un revolver sur une femme à la bouche ouverte. Audessus, en lettres jaunes, Maîtres du Suspens. La fleur rouge ne cesse d'osciller. La mine de mon stylo, en traçant ces mots, traîne un cheveu. « Arrête tes boniments, Penn. Je te connais depuis trop longtemps » : je souffle sur le cheveu qui glisse vers Penn. Est-il tombé de son imperméable, de son chapeau ? Je n'ai jamais connu quelqu'un depuis trop longtemps. La femme à la bouche ouverte doit sûrement être la sœur de Laura : « Laura regarda sa sœur dont la fine silhouette se tenait droite, sa tête aux cheveux bruns embellie par de petites boucles d'oreilles en argent. » Je suis persuadé que je ne parviendrai pas à lire ces Maîtres du Suspens. L'un de mes frères est passé devant ma fenêtre, sans me voir. Une chemise bleue, des lunettes noires. Je n'ai jamais porté de lunettes noires. La fleur rouge, à présent figée, pointe vers le ciel. Derrière elle, au loin, une antenne de télévision : « Penn acquiesça en ravalant sa salive. » Un couple de nuages. Des hirondelles. Je regarde de nouveau, mais plus rien. Je ravale ma salive. Si j'avais un imperméable, j'en retrousserais le col.

Samedi 18 août : « Je sais très bien que tu mens, dit Penn.

— Est-ce mentir que d'affirmer que vous lui avez demandé de vous débarrasser de son mari ? dit Mac.

— C'est madame Ostander qui voulait s'en débarrasser, pas moi, répondit Penn, dont les genoux soudain se dérobaient. » Les rideaux de la maison de ma tante m'empêchent de la voir fumer assise sur sa chaise longue. Près de la porte, accroupis sur une marche, deux touristes blonds sortent des crèmes solaires d'un sac. Si seulement je pouvais écarter les rideaux, entrer. En face, une boucherie, puis un café, et un enfant qui dévale la rue en trottinette. Le lit où je dormais enfant. Les agaves qui brillent au soleil. Je me lève de la table où j'écris, je m'approche des fissures sur le mur, des taches d'humidité. Autrefois, nos parents passaient l'été ici avec nous. Il y a une photo où nous posons tous devant les marches du perron, maman, papa, nous six. Non seulement des fissures, mais aussi des pans entiers sans crépi, le plancher où manquent des lattes. Ce soir, la fleur des agaves brûlera dans l'obscurité, tandis que l'antenne de télévision sera dévorée par la nuit. L'un des oreillers sur le lit est sans taie. « Penn plaquait ses mains contre le mur froid de la cellule. Il savait que Ginnie avait été relâchée, mais c'était l'unique réalité dont il était conscient. » Maman, papa, moi. Je plaque mes mains contre le mur froid de ma cellule et l'odeur de la mer vient rafraîchir mon visage. À moins que ce ne soient des larmes ? Non, c'est l'odeur de la mer qui vient rafraîchir mon visage. « Il entend derrière lui le rire prolongé, fou, de Ginnie. » Si je me retournais brusquement je la verrais : « Penn regarde Ginnie : ils n'en avaient pas encore fini l'un avec l'autre. » J'abandonne les Maîtres du Suspens, je sors dans le jardin : je suis sûr que la fleur rouge m'attend. Quelque chose me dit que nous n'en avons pas encore fini l'un avec l'autre : « Il la regarda pendant des heures jusqu'à l'hébétude, jusqu'à ce qu'il cesse d'avoir froid, jusqu'à tomber de sommeil » ; demain je retrouverai dans mon lit le creux de mon corps.

Le coucher de soleil sur les géraniums

Mon vieux père est mort hier. Tout seul. Ma sœur et moi avions l'habitude de passer le voir en fin d'après-midi, après le travail. Ma sœur, qui est mariée, lui laissait son dîner prêt et repartait aussitôt chez elle donner à manger à son fils, moi je restais plus longtemps, bavardant de choses et d'autres dans la cuisine, près de la porte donnant sur le jardin, en regardant le coucher de soleil sur les géraniums. Quand il m'arrive de passer une semaine loin de la maison de mon vieux père, la première chose qui me revient en mémoire, c'est le coucher de soleil sur les géraniums, la façon dont l'obscurité sort de terre, monte lentement, le long des murs, jusqu'à atteindre la cime de l'acacia pour, de là-haut, faire un petit bond jusqu'au ciel. C'est à ce moment-là que les réverbères s'allument et que l'on distingue la première étoile. Alors mon vieux père et moi rapportions les chaises à l'intérieur et cessions de parler.

Depuis, je ne sais plus. Je pense que ma sœur voudra vendre la maison, en acheter une autre pour elle et sa famille et en finir ainsi avec la contrainte de dormir sous la véranda avec son mari. Avec ma part, je pourrais également trouver quelque chose pour moi, un deux pièces me suffirait, je n'ai jamais apprécié ni les meubles ni le luxe, et la compagnie d'un chat prend peu de place. Mais je suis sûr que le coucher de soleil sur les géraniums va me manquer. Mon vieux père allait sur ses soixante-dix ans en mars et, hormis ses calculs, il n'avait jamais été malade. Il nous a élevés ma sœur et moi

(je n'ai pas connu ma mère)

il dirigeait un garage de motocyclettes, et le dimanche il jouait au billard français à l'Académico. Malgré tous mes efforts, j'ai toujours été gauche avec une queue de billard dans la main, et je pense que mon père considérait ce manque de dextérité comme un défaut pire qu'une infirmité. En revanche j'aime lire

(encore un défaut pire qu'une infirmité)

surtout les récits de guerre et les histoires d'animaux, or selon mon vieux père, si je porte aujourd'hui des lunettes, c'est à cause de ce vice qu'est la lecture. Peut-être. Mais le dimanche un homme seul s'ennuie toujours, mon chat ne vient me voir que lorsque son bol est vide, et comme je n'aime ni aller au cinéma ni faire des promenades, je m'occupe en tournant des pages. La dernière histoire que j'ai lue

(je l'ai finie la semaine dernière)

parlait de lions, ou plutôt de l'amitié entre un lion et un homme. Ça se passe dans un cirque, l'homme est dompteur, son lion meurt à la fin du numéro et l'homme, désemparé, abandonne son métier pour se mettre à faire la manche dans la rue. J'ai failli pleurer. Ou plutôt, j'ai vraiment pleuré, pas à chaudes larmes, mais j'ai pleuré. Si mon vieux père l'apprenait, il se fâcherait tout rouge contre moi. Je peux maintenant l'avouer puisqu'il ne peut plus se fâcher contre personne. Quand je suis arrivé chez lui, j'ai trouvé ma sœur non pas occupée à préparer son dîner, mais en train de le raser et de l'habiller avec l'aide d'une cousine. Il n'a pas été nécessaire de m'expliquer quoi que ce soit. Je l'ai laissée repasser le costume et la chemise que mon vieux père gardait pour les grandes occasions qu'il n'a pas eu le temps de vivre, et je suis allé à l'agence de pompes funèbres située dans le quartier voisin. Comme il était tard, l'employé baissait le rideau. Contrarié, il m'a présenté les différents types de cercueils avec un mètre à la main :

— Ce sera bien sûr celui-là

a-t-il dit en me désignant le moins cher sur son catalogue. Ma sœur, qui chaussait notre vieux père et cirait ses chaussures, a acquiescé d'un signe de tête. L'employé a pris ses mesures avant de sortir presque en même temps que ma sœur, pressée d'aller préparer le dîner pour son fils. Au début, je suis resté dans la chambre à regarder le bout luisant de ses chaussures et ses mains tranquillement posées sur son ventre. Puis j'ai songé au coucher de soleil sur les géraniums, j'ai apporté une chaise dans le jardin et je me suis assis. J'ai regardé l'obscurité monter le long des murs avant d'atteindre la cime de l'acacia, les réverbères s'allumer, et la première étoile briller entre les cheminées, à sa place habituelle. J'étais triste qu'il n'assiste pas à la tombée de la nuit, alors j'ai apporté une seconde chaise et je suis resté là. Peut-être que mon vieux père allait se lever de son lit pour venir s'asseoir près de moi, en silence, lui rêvant à quelque partie de billard et moi absorbé par une histoire de lion.

Table

Cet ouvrage a été composé par
Graphic Hainaut (Condé-sur-l'Escaut)

Imprimé en France
Impression : S. N. Firmin-Didot au Mesnil-sur-l'Estrée
Dépôt légal : mars 2004
N° d'édition : 1656 - N° d'impression : 67068

